Der Deutsche Aufsatz

Der Deutsche Aufsatz

R. J. Hares *and*
C. G. Clemmetsen

Hodder & Stoughton
LONDON SYDNEY AUCKLAND

British Library Cataloguing in Publication Data
Hares, R J
    Der Deutsche Aufsatz
    1. German language — Composition and exercises
    1. Title   II. Clemmetsen, C G
    808'0431   PF3420
    ISBN 0 340 24994 3

First published 1981
Impression number   20 19 18 17 16 15 14 13 12 11
Year   1998 1997 1996 1995 1994 1993

Typeset by Macmillan India Ltd, Bangalore.
Printed in Great Britain for the educational publishing division of Hodder &
Stoughton Ltd, Mill Road, Dunton Green, Sevenoaks, Kent TN13 2YA by
Athenaeum Press Ltd, Newcastle upon Tyne.

Preface

This short book has been written in response to requests for help from generations of students. It is not a comprehensive and fool-proof answer to the problems of writing an essay in German and it restricts itself to helping you with the mechanics of writing, knowing that your teachers, discussions, text-books and magazines will provide sufficient source material for your basic ideas and arguments.

What we have tried to do for you is to look at where you are likely to go wrong in the boiler-house of your essay, if the experience of past students is anything to go on. We believe that the book will help you to write an essay in correct and authentic German and that you will gradually achieve a level of confidence and greater enjoyment in your writing.

If you have any comments to make on how the book has been of service or where it could be usefully extended, please do not hesitate to write and let us know. Succeeding students will be only too grateful.

We wish you well in your endeavours.

R. J. Hares.
C. G. Clemmetsen.
Northumberland College of Higher Education,
Ponteland.

Acknowledgments

Special thanks are due to Mrs. Ada Gardner and Mr. Jim Gow of Northumberland College for their help with the proofs and to the following for their help and support over the years:

Mr Ian Bell, Head of German, Brynteg Comprehensive School, Bridgend.

Dr Alan Best, German Department, University of Hull.

Mr Derek Bowman, German Department, University of Edinburgh.

Mr Peter Hubsch, Head of Modern Languages, The Polytechnic, Newcastle upon Tyne.

Mr Barry Knox, Head of Modern Languages, Bedlington High School.

Mr Peter Thornton, German Department, University of Newcastle upon Tyne.

Mr Henry Roberts, one-time Head of German, Blyth Grammar School.

Mr Albert Ward, German Department, University of Newcastle upon Tyne.

Prof. Roy Wisbey, King's College, London.

Mrs Vivien Haslam, Modern Languages Inspector, Nottinghamshire.

Mr Stan Miller, Modern Languages Inspector, Nottinghamshire.

Mr Alan Nutton, Modern Languages Advisor, Barnsley.

Mr David Whale, Modern Languages Advisor, Warwickshire.

To Northumberland College of Higher
Education, 1964–81, and to all its
Staff and Students past and present,
who, like ourselves, were privileged
to belong to a fine and much-loved
Institution.

RJH, CGC.

Contents

Chapter 1

An Essay Style

Whether you are writing in German or in English and whether you are bi-lingual or making your first attempt at a composition in a foreign language, among the problems to be resolved is the style of language you use. In fact, it is often a considerable encouragement to learners of German to know that individuals with an apparently perfect command of the language can easily come to grief on account of their written style when they try to write an essay.

Why should this be so? At first such a state of affairs may seem rather surprising, but it is not really at all unusual that people with an otherwise fluent command of a language should encounter difficulties when faced with a composition to write. The following two example paragraphs in English should clarify the point:

A

You hear a lot about this generation gap nowadays. When you hear old people talking, you get the feeling they think it's our problem or that the thing is worse now than it was then. I mean, there wasn't much of it about then. I think there are two things we ought to think about. First of all, we ought to think about what's behind this generation gap, then we've got to work out why it's a lot stronger in our day and age than it was then.

B

The generation gap rarely ceases to be of topical significance. In conversation with older people, one often obtains the impression that they hold us responsible for the increase in tension between our generations. In this connection, it would seem sensible to pursue two lines of thought. An attempt should be made, firstly to identify the causes of such mutual tension and, secondly, to explain why this phenomenon has increased in intensity.

The illustration is a clear indication of the fact that there are styles of language which are appropriate to given situations. Although both Paragraphs A and B treat essentially the same theme and ideas, A would not be acceptable in an academic written exercise, firstly because it is couched in a not very careful spoken style (or register) and secondly because its own colloquial and casual nature prevents the writer from conveying his information clearly and precisely. Paragraph B, although perhaps a little too *soigné*, does at least have the merit of reading smoothly and conveying its information with a degree of clarity. A glance back at the two sample paragraphs should be sufficient to indicate that the conversational tone of Paragraph A is not only off-putting because of the way it sounds, but also because it fails to carry any conviction.

An intellectual exercise

The style of Paragraph A suggests the reason why so many people will never be able to write an acceptable analytical essay in their first language, let alone in their second. A language essay of the type under discussion in this book is a demanding intellectual exercise, requiring precision of expression and logical development of ideas. For these aims to be achieved, the writer has to accept that different styles·of language are required for different purposes. Of course, Paragraph A is an exaggerated example and few student readers will see themselves mirrored too closely in its language, but it does serve to illustrate that the language we use in casual, relaxed conversation is simply not good enough for a written essay, because firstly it will confuse the reader by its woolly, involved or elliptical style, and secondly, its particular texture may well cause the reader to react against it.

Some attention has been devoted to this particular point, since student writers often take the understandable attitude that they are not much in favour of being asked to write an essay using a style of language they would never use in speech. It is possible and, again, quite understandable, to feel that one is being forced into using a language register which is artificial, merely to impress one's readers. In the early stages of acquiring an essay-writing technique, this is precisely what happens, but, with practice, new expression becomes internalised and, therefore, part of the writer. To realise that this process is valid and has already taken place on other levels, it is only necessary to compare the differences in speech patterns between seven and fourteen-year-olds. In the adolescent, a degree of sophistication will have developed, commensurate with the changing environment of the individual. When foreign-language students are confronted with essay writing as a part of the curriculum, they will be wise to accept that for them, too, the environment has changed and that it is necessary to adapt to the demands of the exercise.

A study of the German equivalents of the sample paragraphs may now be appropriate.

A.

> Wir hören oft von der Spannung zwischen den Generationen. Und wir hören, wie die Alten sagen, daß es nie so viel Spannung gäbe, und daß wir daran Schuld seien. Das heißt, es gab nicht so viel Spannung damals. Ich glaube, es gibt zwei Dinge, über die wir nachdenken sollten. Wir sollten über diese Spannung zwischen den Generationen nachdenken–was steckt dahinter? Dann sollten wir darüber nachdenken, warum sie jetzt stärker ist.

B.

> Die Spannung* zwischen den Generationen ist heute ein oft erörtertes Thema. Im Gespräch mit älteren Menschen gewinnt man häufig den Eindruck, daß dies ein Problem unserer Zeit ist, welches früher nur in geringem Maße existierte. Es scheint mir sinnvoll zwei Gedankengänge zu verfolgen. Einmal müßte man die Ursachen der Spannung zu erkennen versuchen, zum zweiten erklären, warum sie heute stärker in Erscheinung treten als es früher der Fall war.

(* See page 41)

When the two paragraphs are compared after a first reading, the initial reaction to A may well include the following elements:

1 difficulty in concentrating on what is being said.
2 irritation.
3 lack of interest.

It will have been noticed that there is a considerable amount of repetition in Paragraph A: *Wir hören, es gibt, Spannung, nachdenken über.* Frequent repetition is a major stylistic blemish, since it encourages the reader's mind to concentrate less, as there is less new information coming through to be processed by the brain, than should be the case. In other words, the reader needs to be presented with a variety of new vocabulary and ideas, so that he or she will be stimulated into concentration. The more reiteration there is, the more likely the reader is to fall asleep or to react in an opposite direction and become considerably irritated. This latter reaction is partly a result of his having to read the same words and phrases over and over again and partly due to the fact that if he does wish to continue, he has to make considerable efforts to wade through the welter of colourless repetition, to find out if anything new is being said.

Looked at positively, one of the writer's main responsibilities is to maintain sufficient variety of expression for the reader to find the composition easy to read and for him to want to continue.

If the way is not made easier for the reader, then, as a consequence of what has been noted above, the writer will have failed to involve his or her public sufficiently for them to maintain interest.

A study of Paragraph B reveals a piece of straightforward writing which does not attempt to produce any great thoughts. It is, in fact, a brief introductory paragraph, linking the main strands of what is to follow, but it has the merit of clarity. Here, the reader is not obliged to sift through repetitious statements to see exactly what is being said. The measure of varied vocabulary used by the writer provides some of the interest we have already discussed.

To avoid repetition, the following alternatives are used:

> *häufig* for *oft*
> *existieren, in Erscheinung treten* for *sein*.

Other key vocabulary suggests a logical ordered approach:

> *erörtert, sinnvoll, Gedankengang, verfolgen, erkennen, erklären*.

This is precisely the vocabulary that is typical of the essay register, since it is balanced, clear, unemotional and impressive. The last of these qualities is basically a consequence of the other three.

An unemotional style

The need for a prose style conveying logic and clarity has already been established. A lack of emotional interventions (except occasionally for effect) will underpin these two aims, since feelings will not stand in the way of reason. This is an important point to remember, because, when we feel very strongly about something, we tend to make impassioned appeals to our readership. We should not forget that in so doing we risk alienating those whom we wish to persuade, since strong emotions from one individual tend to produce counter-emotions in another. The writer persuades his public by reason in the mind, with very occasional recourse to rhetoric.

   * *Wenn die Gesamtschule wirksamer sein soll, muß für jedes Kind eine große Fach- und Niveauwahl zur Verfügung stehen* is much more likely to persuade than *Es liegt auf der Hand, daß die Gesamtschule keine große Fach- und Niveauwahl angeboten hat, weil solch ein System unmöglich ist*. The use of the comparative, *wirksamer*, has shown that the author is well aware of the flaws in the comprehensive system and is attempting to offer reasoned improvements. There is also implicit in the first statement the indication that the essayist has not taken up a diametric position, in which all opposing arguments are dismissed out of hand.

   ** *Die Verlängerung des Lebens . . . . mag für viele eine geistige Belastung bedeuten* will be more effective in its appeal to the reader than *Es ist eine Affenschande, daß wir das Leben für Alte verlängern, die dadurch körperlich und geistig belastet werden! Es ist auch kriminell!*

This latter example provides an object lesson. Such an emotional delivery may offend even those sympathetic to the views expressed, while the rational appeal reinforces through its calmness.

---

* *See page 41*
** *See page 45*

The need to impress

The style of the essay does need to impress, precisely because few discerning readers will approve what is written merely because they happen to agree with the writer's opinions. One's brief is to present a convincing argument, couched in suitable language, which will persuade the public that one can see the implications of the situation under discussion.

An analogy may be drawn with the interview procedure. If a young adult is called for interview for a place in tertiary education, or for a first employment, he or she is unlikely to arrive in very casual wear. There is a need to create an impression of a tidy, neat manner and the way the individual dresses should be a form of behaviour appropriate to the situation. No one expects the candidates' clothes to suggest they belong to the upper echelons of the Establishment, but they will put on tidy clothes, indicating they recognise the relatively formal nature of the occasion, and that they can function within its broad requirements.

This is what is asked of the writer of the advanced language essay. If, like the person in the interview, he succeeds in impressing by his style in what is undoubtedly just as formal a situation, he will have made those assessing him receptive to the real person inside the clothing of the ideas, because he has overcome the barrier of initial appearance.

ASSIGNMENTS

Now study the following pairs of short paragraphs, starting by reading the first paragraph on its own and noting what you regard as thin or uninspiring in it. Then look at the second of the pair and analyse for yourself the improvements you think have been made and even those areas where further amendments might be made.

A(1) | Historisch gesehen ist die Emanzipation der Frauen etwas Neues aber die Veränderungen für die Frau in der Familie und der Gesellschaft seit der Jahrhundertwende sind groß.

A(2) | Historisch gesehen ist die Emanzipation der Frauen eine neue Erscheinung, aber die Veränderungen die sich in der Stellung der Frau in Familie und Gesellschaft seit Auftreten der ersten Frauenrechtlerinnen vollzogen haben, sind weittragend.

B(1) | Jetzt können wir sehen, daß es sehr schwierig für uns ist, keine Furcht zu haben, weil ihre Gründe oft sehr ähnlich sind. Wenn wir zum Beispiel Hunger haben, ist es derselbe Hunger, ob es eine Frage von einer schlechten Ernte oder von Arbeitslosigkeit ist.

B(2) Aus der obigen Vergleichstellung ist zu ersehen, daß es dem Menschen fast unmöglich ist, der Furcht zu entgehen. Selbst die Umstände, die Furcht erregen, sind oft ähnlich, denn Hunger zum Beispiel, ist gleich, ob er durch eine schlechte Ernte oder durch Arbeitslosigkeit hervorgerufen ist.

C(1) Jedesmal wenn die Olympischen Spiele näherkommen, hören wir die gleiche Frage: ist die Olympiade sportlich, hilft sie uns zur Völkerverständigung und lohnt es sich der Mühe so viel Geld für sie auszugeben?

C(2) Alle vier Jahre wenn die Vorbereitungen für die Olympischen Spiele ihren Höhepunkt erreichen, erhebt sich die gleiche Frage: ist die Olympiade ein sportlicher Wettbewerb, ein Weg zur Völkerverständigung und rechtfertigen die Ergebnisse den Riesenaufwand?

D(1) Die Tatsache, daß die Frage heute so bedeutend ist, hat etwas mit unserer Epoche zu tun. Der Mensch als Mensch hat immer an den Tod gedacht aber das Problem scheint uns viel näher als früher.

D(2) Die Tatsache, daß die obige Frage heute so in den Vordergrund gerückt ist, muß wohl als eine Zeiterscheinung betrachtet werden. Der Mensch als denkendes Wesen mußte sich schon immer mit dem Problem des Todes auseinandersetzen; es scheint aber, daß dieses Problem jetzt immer mehr in den eigentlichen Lebensbereich übergreift.

E(1) Weil ich ein Motorrad habe, ist es mir unnötig, öffentliche Verkehrsmittel zu gebrauchen und für wenig Geld kann ich weit fahren. Wenn ich meinen Führerschein habe, kann sogar ein Freund mitkommen.

E(2) Mein Motorrad gibt mir Unabhängigkeit von öffentlichen Verkehrsmitteln und für verhältnismäßig geringe Unkosten kann ich abgelegene Orte leicht erreichen. Wenn ich meinen Führerschein gemacht habe, kann ich sogar einen Freund als Passagier befördern.

F(1) Als ich zum ersten Mal schrieb, hatte ich sicher schon erwähnt, wie gut hier alles ist. Das ist noch immer meine Meinung. Alles ist sehr ordentlich, sogar die Jeans der jungen Leute.

F(2) | In meinen ersten Eindrücken hatte ich sicher schon erwähnt, wie wohlhabend hier alles wirkt. Davon bin ich noch immer beeindruckt. Alles sieht ordentlich aus, sogar die Jeans der jungen Leute sind anders als bei uns.

Now turn to page 79 for a brief commentary on the paragraphs.

Chapter 2

Essay Language

The student can reach towards the level of language proficiency found in the model essays on pages 27–52 by studying the way the language is used in them and by acquiring the vocabulary and phraseology given in Appendices A and B.

The ultimate goal for the anglophone writer is to make his or her composition flow clearly and sound German. The aim of the present chapter is to concentrate on the question 'What is it that makes what I write sound German or un-German?'

If the inexperienced language-essay writer can determine for himself the answer to this question, he will have taken the first step towards achieving a genuine German style. An analysis of some sample paragraphs from the model essays is a useful point of departure.

A.

> Die Gesamtschule ist eine verhältnismäßig neue Erscheinung in der Erziehungsgeschichte. Im Laufe der Zeit wurden durch verschiedene private und später staatliche *Maßnahmen* immer mehr Kinder vom Schulsystem *erfaßt*. Nachdem Unterricht für Alle erreicht war, *machte sich aber bemerkbar*, daß längst nicht alle Kinder in gleichem Maße von der Schule *profitieren*. Aus dieser Erkenntnis *entsprang* der *Begriff* der Chancengleichheit, die *anstrebt*, jedem Kind, ungeachtet seiner häuslichen Verhältnisse, die für seine *Bedürfnisse bestmögliche* Erziehung zu vermitteln. Ein Versuch, dieses Ziel zu erreichen, ist die Gesamtschule und ich will *mich bemühen*, kurz zu erklären, auf welchem Gedankengang sie beruht, werde aber auch einige Nachteile, die *sich häufig offenbaren*, *erwähnen*, um am Schluß durch ein Abwägen die obige Frage beantworten zu können.

In Paragraph A certain vocabulary items have been italicised either because they are examples of essay-register language likely to be useful whatever the topic or because they show what a German with a reasonable vocabulary to choose from will tend to use, when those with more limited control of the language will keep repeating the same lexis.

Items like *Maßnahmen, erfaßt, profitieren, Begriff, Bedürfnisse, offenbaren, erwähnen* must be part of the learner's vocabulary bank, if he is to develop a fluent style, since they clothe ideas that are the basic thought material of most topic areas.

Vocabulary Variation

Anstreben and *sich bemühen* are two frequently encountered verbs that will be employed by a writer who is not content to keep repeating the base verb *versuchen*. Nor is it merely a question of a lack of fondness for repetition. The three verbs are nuanecs of the same concept and by using all three, as would the English writer calling upon 'try', 'strive' and 'attempt', the essayist has produced subtle variations of meaning to convey to his readership. Had *versuchen* been employed each time the concept of 'to try' was introduced into the paragraph, the reader might have formed the opinion that here was a writer with a repetitious style who was quite possibly a foreigner because of his inability to vary the vocabulary used.

Sich bemerkbar machen/sich offenbaren: again, the ability to vary the vocabulary obviates any assumptions on the part of the reader as to the reasons for any repetitiveness.

Entspringen/bestmöglich/häufig/erwähnen create a much greater impression of fluency of expression than the *kommen aus/best/oft/sagen* that are likely to be the first and only choice of many people writing German as a second language, who are unaware of the necessity to vary their vocabulary.

Common words

The student is not, of course, being counselled into total avoidance of commoner words, since, almost by definition, it would be either impossible or highly artificial to write a long composition from which such lexis would be omitted, without resorting to the repetitious use of their alternatives.

B(1) | Die Spannung zwischen den Generationen ist heute ein oft erörtertes Thema. Im Gespräch mit älteren Menschen gewinnt man häufig den Eindruck, daß' dies ein Problem unserer Zeit ist welches früher nur in geringem Maße existierte. Es scheint mir sinnvoll zwei Gedankengänge zu verfolgen. Einmal müßte man die Ursachen der Spannung zu erkennen versuchen, zum zweiten erklären, warum sie heute stärker in Erscheinung treten als es früher der Fall war.

With Paragraph B, instead of adopting the technique applied to Paragraph A, let us imagine the same basic ideas written by someone whose German is becoming competent while still lacking in fluency:

B(2) | Die Spannung zwischen den Generationen ist ein großes Problem heute. Wenn man mit alten Leuten spricht, bekommt man oft die Idee, daß dies ein Problem heute ist, welches früher nur sehr klein war. Es ist vielleicht natürlich zwei Gedanken zu diskutieren. Zuerst muß man die Gründe der Spannung finden und dann erklären, warum sie heute größer ist als früher.

This version contains essentially the same thoughts as the first and is a fair representation of much that is typical in advanced essay writing at the 'A'-Level stage and often beyond. It will be evident that in this second version the standard of writing has dropped. An examination of individual details will help establish what is responsible for this deterioration.

Sein and haben

Ist, ist, war, ist, ist. Notice that the verb *sein* occurs more frequently in Paragraph B(2). As a general rule, the writer with German as a mother-tongue will use *sein* (and *haben*) less frequently than his anglophone counterpart will 'to be' (and 'to have'). If the student is conscious that his work contains these verbs in abundance, he should take steps to cut down their use.

Depending on the exact meaning and context, frequent alternatives for *sein* and *haben* are:

Sein:
   sich befinden; sich begeben haben; bestehen; geschehen; existieren; sich ereignen; stammen aus; stattfinden; vertreten; sich verhalten; vorgehen.

Haben:
   anhaben; besitzen; sein eigen nennen; erhalten; nehmen; tragen; mit etwas versehen (ausgestattet) sein.

German–German Reference

It will be useful practice to check through the exact meanings of the verbs in the above lists in a German–German dictionary or *Stilwörterbuch*. Incidentally, one of the most rewarding ways of extending one's vocabulary and control of German is gradually to acclimatise oneself to working from such a book. With prose translation, for example, the student might try sitting down to work with both a German–English dictionary and a German–German reference book in front of him. When, working from the English text for translation, he has found the German possibilities available to render the English expression, he might check the German alternatives against each other in the *Stilwörterbuch*.

Over-used expressions

Groß/Problem/Leute/ sprechen/bekommen/klein/ diskutieren/muß/ Gründe/finden/ größer are some of the most over-used words found in student essays. The first version of B and pages 11–17 contain acceptable and interesting alternatives.

C. Der eben erwähnte Grund(Punkt) ist nicht mehr ganz (rein) biologischer Art, sondern etwas(teilweise) gesellschaftlich bedingt. Dies bringt mich zu den sozialen Gründen(Ursachen) der Spannung. Durch den Wohlfahrtsstaat sind die Unterschiede zwischen Arm und Reich längst nicht mehr so groß(krass) wie früher (zuvor). Die Kinder armer Eltern hatten früher(vormals) wohl selten Geld und auch Kinder aus besser gestellten Häusern waren finanziell mehr von den Eltern abhängig, als die heutige Jugend. Zu dem oben erläuterten Problem (Dilemma) kommt so hinzu, daß die meisten Jugendlichen heute (über) eine Kaufkraft haben (verfügen), die ihnen eine ziemlich große (nicht unbeträchtliche) wirtschaftliche Macht gibt.

In Paragraph C all the items in brackets might, according to the circumstances, be considered refreshing choices of vocabulary; i.e. normal alternatives that are a little different from commonly over-employed vocabulary that has lost its flavour.

Below is a list of many of the words that are most over-used in language essays. In the same way as with *sein* and *haben*, a list of possible alternatives has been included for the reader of this manual to familiarise himself with by means of a *Stilwörterbuch*. When he is writing a composition from now on, he should set himself the target of using an alternative for these common words wherever possible.

Bedeutend:
  Beachtlich/bedeutsam/ bemerkenswert/entscheidend/ erstrangig/hervorragend/imponierend/maßgebend/namhaft/vielsagend.
Besprechen:
  diskutieren, erörtern, gegenüberstellen, klären.
Denken:
  ahnen, annehmen, ansehen als, glauben, meinen, voraussehen.
Geben:
  aufführen, ausdrücken, äußern, bieten, darstellen, gewähren, hervorbringen, reichen, schenken, spenden, verleihen.
Es gibt:
  Es läßt sich feststellen, man kann . . . sehen, verfügbar, vorhanden, zur Stelle.
Machen/tun:
  ausführen, bewerkstelligen, einen Weg beschreiten, die Lage ändern, fertigen, herstellen, überwinden, vermitteln, verursachen, vollbringen, vollziehen.
Sagen:
  anführen, aufzählen, ausdrücken, aussagen, erklären, erläutern, erwähnen, hervorheben.
Verkleinern:
  beschneiden, beschränken, vermindern, verringern, zurücksetzen.
Werden:
  Aufschießen, gelangen, hervorkommen, entspringen, entstehen, wachsen.

Wissen:
Es ist bekannt, es ist sicher, es steht fest.

Aber/auch:
Auf der anderen Seite, andererseits, außerdem, hingegen, weiterhin.

Etliche:
Andere, einige, manche, mehrere, viele.

Gut:
Angenehm, anständig, begründet, brauchbar, eindrucksvoll, einwandfrei, erfreulich, fähig, fein, freundlich, geeignet, gefällig, gerechtfertigt, gesund, glimpflich, glücklich, günstig, gutgeartet, gutmütig, hochwertig, leistungsfähig, nützlich, passend, positiv, (qualitätsvoll), reichlich, tadellos, treffend, tüchtig, vertraut, vorteilhaft, wertvoll, wichtig, wirksam, wohlmeinend, wünschenswert.

Schlecht:
Böse, elend, mangelhaft, minderwertig, verdorben, übel, unangenehm, ungünstig.

Groß:
Beträchtlich, dringend, einflußreich, erheblich, heftig, hochtrabend, riesig, stark, ungeheuer, vornehm.

Klein:
Bescheiden, beschränkt, eng, gering, jung, knapp, korrekt, unbedeutend, wenig geachtet.

Schön:
Angenehm, eindrucksvoll, erfreulich, wertvoll.
Bestechend, entzückend, reizend, reizvoll.
Elegant, interessant, wunderbar.

Schwer:
Arg, beschwerlich, hart, heftig, intensiv, lastend, massig, massiv, mühevoll, mühsam, schlimm, schwerfällig, unbeholfen.

Schwierig:
Besonders, gewichtig, kompliziert, problematisch, schwerwiegend.

Leicht:
Einfach, es ist ein Leichtes, immerhin, ohne weiteres.

Wichtig:
Beachtlich, bedeutend, bedeutsam, bemerkenswert, entscheidend, erstrangig, hervorragend, imponierend, maßgebend, namhaft, vielsagend.

Unwichtig:
Außenstehend, nebensächlich, unbedeutend.

Vorher:
Am Anfang, eingangs, obig, vordem, vorgehend, wie oben erwähnt, zuerst.

ASSIGNMENTS

A. *Find alternatives for the words underlined in the following sentences, using the vocabulary in the box to help you:*

1. Zusammenfassend möchte ich sagen, daß der Grund dieser großen Spannung etwas biologisch begründet ist.
2. Die Notwendigkeit für eine Alternative kam aus der Erkenntnis, daß Kinder aus Arbeiterfamilien oft keine große Leistung in der Schule erreichten.
3. Im Gegenteil, die Nachteile, die wegen der großen Schülerzahl kamen, machten die Lage schlecht.
4. Diese Nachteile können aber verbessert werden.
5. Ich möchte sagen, daß der Begriff der Chancengleichheit sehr gut ist.
6. Wie in den meisten Diskussionen ist es auch hier möglich, für die oben erwähnten Vorteile Nachteile zu geben.
7. Die Schule ist sehr interessiert, Kindern aus benachteiligten Familien zu helfen.
8. Die Tatsache, daß die obige Frage heute so bedeutend ist, muß wohl als aktuell gesehen werden.
9. Diesen Unterschied kann man überall sehen.
10. Diese Sache wird durch Einsamkeit schwerer gemacht.

> Debatten . . . entstehen . . . anführen . . . häufig . . . allerdings . . .
> erwähnen . . . ebenfalls . . . Gegenargumente . . . verschlechtern . . .
> hinzufügen . . . bestrebt . . . äußerst . . . erschwert . . . beträchtlich
> . . . sich ergeben aus . . . fördern . . . wünschenswert . . . betrachtet
> . . . Faktum . . . vollbringen . . . beobachten . . . erheblich . . .
> teilweise . . . Zustand . . . gemildert . . . Punkte . . . bemerkenswert
> . . . weltweit . . . Zeiterscheinung . . . besonders . . . sich lassen . . .
> Ursache.

B. *Fill the gaps in the sentences from the vocabulary in the box below, using each item once only:*

1. Wie kann man dieses Dilemma . . . . . ?
2. Wie kann man diese Frage . . . . . ?
3. Welche . . . . . könnte man also zu dem . . . . Dilemma nehmen?
4. . . . . . profitiert die Wirtschaft?
5. Ist es also . . . . . , daß im Heim Spannungen . . . . . ?
6. Die Gründe dafür sind auf einem anderen . . . . . zu suchen.
7. Wie oben . . . . . , hat die Medizin . . . . . Fortschritte gemacht.
8. Im idealen . . . . . ist das . . . . . zwischen beiden Teilen . . . . .
9. In sozialer . . . . . ist die . . . . . etwas anders.
10. Unsere . . . . . von Gut und Böse sind mit der christlichen Lehre . . . . .

Begriffe . . . beantworten . . . Stellung . . . lösen . . . Lage . . .
verwunderlich . . . verknüpft . . . erhebliche . . . erwähnt . . . Fall
. . . Gebiet . . . inwiefern . . . Hinsicht . . . günstig . . . obigen . . .
bestehen . . . Verhältnis.

Now follow the same procedure for Exercises C, D and E.

C. 1. . . . . . gesehen ist die Gleichberechtigung für Frauen eine neue
. . . . .

2. Auf politischer . . . . . ist es sogar schwierig, Gründe . . . . .

3. Vom sozialen . . . . . aus gesehen, können wir alles so . . . . .

4. Die . . . . . der Situation könnte man vielleicht am besten in zwei
Arten . . . . .

5. Viele Spannungen möchten durch menschlichen . . . . . zu
. . . . . sein.

6. Ich will . . . . . , des Dilemma auf diese Weise zu . . . . .

7. Es ist das einzige . . . . . , das die Gesellschaft . . . . . um sich ihrer
Verbrecher zu . . . . .

8. Aus der obigen Vergleichstellung ist zu . . . . . , daß es dem
Menschen fast unmöglich ist, der Verantwortlichkeit zu . . . . .

9. Dieser Aufsatz sollte versuchen, die . . . . . zwischen Volk und
Land zu . . . . .

10. Es scheint mir, als ob die meisten . . . . . beider Seiten ähnlich viel
. . . . . tragen.

Gewicht . . . Ebene . . . Kontakt . . . ersehen . . . Argumente . . .
historisch . . . zusammenfassen . . . anzuführen . . . überbrücken . . .
entgehen . . . klären . . . Beziehung . . . unterteilen . . . mich
anstrengen . . . Mittel . . . entledigen . . . Standpunkt . . . erörtern
. . . besitzt . . . Erscheinung . . . Ursachen.

D. 1. Sowohl . . . . . als auch Kritiker führen viele Gründe zur . . . . .
ihrer Argumente an.

2. Es ist leicht zu . . . . . , daß dies bei vielen Jugendlichen
Anpassungsschwierigkeiten . . . . .

3. Es hängt von der eigenen . . . . . ab, ob man Ruhe oder Tempo
. . . .

4. Könnte diese Kaufform sich auch . . . . . auswirken?

5. Zwar könnte ich . . . . . Motive anführen.

6. Diese Argumente . . . . des Titels.

7. Sie können auch für den Einzelnen von . . . . . sein und ihm zu
höheren Leistungen . . . . .

8. Das tägliche Leben ist oft so . . . . . und ich . . . . . gern in meine
. . . . .

9. Im . . . . . mit der Schulfürsorge ist ebenfalls zu . . . . . . , daß die ideale Gesamtschule Jungen und Mädchen aller sozialen Klassen . . . . .

10. Das Zusammenleben in der EWG . . . . . Fortschritte, die manche früher furchterregenden Ursachen . . . . .

Anhänger . . . Phantasiewelt . . . hochtrabende . . . ersehen . . .
beseitigen . . . Zusammenhang . . . Aussage . . . unterstützen . . .
eintönig . . . erwähnen . . . ermöglicht . . . Vorteil . . . bevorzugt . . .
Unterstützung . . . nachteilig . . . beherbergt . . . hervorruft . . .
entfliehe . . . . . . verhelfen . . . Persönlichkeit.

E. 1. Selbst wenn man alle nachteiligen Argumente . . . . . , würde ich sagen, daß es zur Völkerverständigung . . . . .

2. In meinen ersten . . . . . habe ich schon . . . . . wie wohlhabend hier alles . . .

3. Dafür gibt es . . . . . Gründe, die meisten davon sind aber nicht . . . . . Art.

4. Humanitäre . . . . . müssen sich sowohl mit dem einen als auch mit dem anderen . . . . .

5. Moralische . . . . . sollten vom Blickpunkt des Einzelnen . . . . . werden.

6. Die auf die Wirtschaft . . . . . positiven und negativen Argumente halten sich die . . . . .

7. Wenn Zeit . . . . . ist, wird manche Schwierigkeit im Gespräch . . . . . , ehe sie große Proportionen . . . . .

8. Ich werde einige . . . . . von diesen beiden . . . . . Stellungen aus betrachten.

9. Es ist also letzthin eine Frage um die . . . . . der moralischen . . . . . unserer Gesellschaft.

10. Ist es ein linearer Fortschritt, der zwar schon . . . . . aber noch weiter . . . . . ist?

Umstände . . . beiträgt . . . bemerkenswert . . . etliche . . .
vorhanden . . . grundverschiedenen . . . getroffen . . .
entwicklungsfähig . . . erwähnt . . . befassen . . . akademischer . . .
beseitigt . . . annimmt . . . wirkt . . . Waage . . . Betrachtungen . . .
Erwägungen . . . bezogenen . . . Fundamente . . . berücksichtigt . . .
Eindrücken . . . Einstellung

F. *Add each of the following to a sentence from an essay you have recently completed, or make new sentences to include them.**

> eigentlich / gelegentlich / ebenfalls / allerdings / an Hand (+gen.) / lediglich / etlich / wesentlich / so wie / akut / hauptsächlich / dank (+dat.) / drastisch / eher als / ermöglichen / weiterhin / zumindestens / hingegen / ebenso / frühzeitig / großenteils / beieinander / tätig / sinnvoll / verfolgen / eng mit / normal / üblich / manch / gleichzeitig / längst / vormals / zwar / ausschließlich / jahrelang / notwendigerweise / gelangen / negativ / inwiefern / zusätzlich / typisch (für).

* *It may be of help to you to familiarise yourself with the model essays before you complete this exercise, but it would also be useful practice to attempt it twice, i.e. before and after familiarising yourself with the specimen essays.*

G. *Look-up the following items in a 'Stilwörterbuch' and make notes on those of their uses and alternatives most helpful to your essay writing:*

> aufführen / äußern / brauchen / fallen / feststellen / gelten / haben / kommen / lassen / leiten / nehmen / sein / stellen / wirken.

H. *Haben* and *sein* substitution.

Use a Stilwörterbuch' to help you find substitutes for **haben** *and* **sein** *in the sentences below:*

Haben
1. Australien **hat** genügende Reichtümer um die Weltkrise zu bestehen.
2. Die Jugend **hat** zu viel Muße.
3. Dazu **haben** wir keine Zeit.
4. Wir Europäer **haben** ein schwaches Gedächtnis.
5. Diese Maßnahme wird Nachteile **haben**.
6. Die Regierung hat ihre Antwort **gehabt**.
7. Es ist leicht, einen schlechten Eindruck von ihm zu **haben**.

Sein
8. Wir **sind** in einem elenden Zustand.
9. Die Lage **ist** nicht genau so, wie sie aussieht.
10. Er **ist** aus einer alten Familie.
11. Die Ölkrise **war** im Frühling 1974.
12. Die Tagung **ist** am 20 Juni.
13. Diese Situation **ist** nicht mehr.
14. Wenn Gott nicht **wäre**.
15. Ich **bin** dieser Ansicht.

I. *Construct a sentence that makes sense from each of the following groups of words. Each sentence may be as long or as short as you like, provided you use all the words in the group:*

1. Maßnahme / sich ergeben / Grund / Untersuchungen.
2. Mitglied / besitzen / gleich / Rang / Recht.
3. Bemühungen / erst / Erfolg / führen.
4. Erst / Schritte / Weg / unternehmen.
5. Gebiet / Kernforschung / ersehen.
6. Größe / Gefahr / übersehen.
7. Gehen / alt / Tradition / zurück.
8. Ziehen / Glaubwürdigkeit / Zweifel.
9. Bringen / unabsehbar / Elend.
10. Beträchtlich / Schwierigkeiten / bleiben / klären.

Again, you may wish to attempt this assignment before and after reading the model essays.

Chapter 3

Structuring Your Essay

THEMES

Most titles encountered will fit one of the following categories:

A A contemporary problem or scene.
B A moral issue.
C Visits to and interest in a German-speaking country.
D The cultural or social background of a German-speaking country.
E A socio-political question.
F A socio-economic question.
G A philosophical question.
H Literature and the Arts (their justification/your interest in).
I Hobbies and pastimes.
J Sport.

(See Appendix C for list of example questions)

Before considering the actual structure of the essay, the student should note how it may be possible in each of the categories to see the essay theme as a two-sided discussion point, i.e. as a subject containing both advantages and disadvantages, or, at least, conflicting views to be considered, e.g.:

1. *Längeres Leben bedeutet längeres Leiden* is a theme that lends itself well to a discussion of both the negative and the positive aspects of old age.
2. *Warum ausgehen?–Ich lese lieber*! discusses the merits of both socialising (or simply getting out) and reading.
3. *Wie erklären Sie sich die Spannung zwischen den Generationen?* expects comment on the generation-gap and the underlying responsibilities of both young and old.
4. *Warum treiben wir so viel Sport?* may well elicit comment on sport in moderation and in excess.

It would be easy to take up a one-sided position on any of the above topics, but the essay is much more likely to be successful if an attempt is made to state and weigh up both sides of the question, even though the writer may feel very strongly in one direction.

Why should this be so? Firstly, it should be remembered that the person reading the composition is looking at both the language and the ideas, and, if it is being assessed for a mark, points will be allocated to both areas. If a student shows that he has a sufficiently balanced mind to be able to see both sides of a question, even though he inclines towards one, his score for thought-content will be much higher than for a one-sided essay.

Secondly, if he produces sufficient ideas and illustrations relating to two sides of a topic, he will find it much less difficult to devise enough subject-matter to allow his essay a reasonable length. It is easier to find three major points for each side of a question, than to find six for one side or the other.

THE STRUCTURE

Length

INTRODUCTION — $\frac{1}{6}$

MAIN BODY — $\frac{2}{3}$
- One side of the discussion (1)
- The other side (1)

CONCLUSION — $\frac{1}{6}$

((1) — See notes on Strong Construction)

The diagram above is a simple and effective model, on which to base the structuring of the essay. If the assignment is written in three clearly recognisable sections—an introduction, a main body and a conclusion—it is already part of the way towards presenting a logical and well-rounded whole. Additionally, if the writer becomes accustomed to following such a scheme, he will find himself automatically prepared for the *shape* of his composition, even before he begins writing it. As one of the major problems confronting the essay writer is often the *shape* of what is being written, such preparation can only be beneficial, especially in the examination situation, when the proper organisation of available time is so important.

The Introduction

This initial section (of one or two paragraphs and approximately 1/6th of the length of the essay) should be exactly what its title implies, and should introduce the reader to the theme, but the temptation to greet him or her with a collection of vague sentences that have little to do with the topic should be avoided.

What steps may be taken to ensure that the introduction is direct, relevant and interesting? If the following points can be answered in the affirmative then, as far as the thought-content and ideas are concerned, the reader's first reaction is likely to be favourable.

Has the writer. . . . .

1. made at least an oblique reference to the title?
2. presented a list of the main points to come?
3. given some indication of his personal stance?
4. provided a smooth lead-in to the main body?
5. left room for manoeuvre in the conclusion?
6. not made his introduction too long/too short?

1. A partial allusion to the title helps to tie the author to his theme. This is particularly worth remembering, when it is realised that digression from the theme causes universal irritation in readers. But there is no necessity for repetition. A paraphrase, or the use of part of the actual title will suffice. Wholesale repetition, particularly if it occurs several times, suggests that the writer lacks the ability to express the idea himself.

2. The introduction is often at its most effective, when it draws together a list of the main points to be dealt with in the main body of the essay. It tends to have a direct quality, prepares the reader for what is to come and helps to check the writer's natural tendency to wander from his plan. It has the further advantage of imparting a logical feel to the assignment, when the reader can see that what is promised in the introduction actually occurs in the following paragraphs. All too often, there is little connection between introduction and main body, so that, by contrast, such a start as the one we are considering creates an impression of a clear and organised mind.

3. Somewhere in the introduction, the reader should be given an indication as to the particular standpoint adopted in the ensuing debate.

This does not need to be too forceful, or have to follow the *Ich glaube, daß/für meine Person/Ich bin der Ansicht. . .* pattern, and may be put much less personally.

4. If the above suggestions have been followed, then the introduction is likely to have provided a smooth lead into the main body, since the first major point with which one is about to deal, will already have been briefly mentioned. Should there seem to be a hiatus between the introduction and main section, then there may well have been a lack of relevance, clarity or direction in the first paragraph(s). Indeed, a careful look at the junction point between Sections 1 and 2 of the essay is a useful check, since the writer will be able to tell by the smooth or jerky transition, whether or not the introduction has done its job.

5. The temptation to list every main idea in the introduction, should be avoided as this may leave the essayist without anything new to say in the conclusion. As will be noted in the section of this chapter dealing with the conclusion (pp. 24–5), there is a considerable tendency for the conclusion to be a barely concealed regurgitation of the introduction. Thus, it is advisable to leave an important point to be made at the end of the essay, so that it does not just peter out.

6. It is in the introduction that the reader gains his or her first impressions as to the worth of the writer's ideas. Too long an introduction is likely to wander from the point, to be too comprehensive, or, at worst, mere padding. What the reader would most like to see in the first few sentences, is a succession of clearly expressed statements, which are relevant to the title and give some indication as to a personal opinion.

At the other extreme from excessive length is the over-short introduction, which is so brief that the reader does not have time to situate himself before being plunged into the main arguments of the composition. 'First impressions count' is a cliché which is only too valid, when an essay is being assessed.

The main body

Important though the introduction is for situating the reader and for creating initially favourable impressions, it is the main body that carries the weight of the essay, by reason of its length and the fact that it develops extensively major and crucial arguments. Because, also, of its length, it can be more difficult to control than either the introduction or the conclusion, since it contains sufficient room for the writer to lose or wander away from his theme; but, before an examination of such pitfalls, some points relating to the general construction of the main body should be of use.

When the reader reaches the conclusion of the essay, most of what is uppermost in his or her mind will relate to the points most recently read. Presented with a considerable amount of information to read, the human mind quite naturally recalls best what it has just processed. Thus, if you, the writer, are attempting to sway the reader towards those arguments you favour, it is advisable to leave such arguments until the later stages of your composition. To see that this is a valid suggestion, one only has to look at the converse. Imagine you are writing an essay in which you examine the advantages and disadvantages of supersonic travel. You incline in favour of such travel and launch into the advantages directly after your introduction. You then present the points against immediately before your conclusion. It is safe to assume that the reader, if he is prepared to bother, will have to read back through your composition to refresh his memory as to the points you raised in praise of supersonic travel.

During the rest of this book, the essay structure in which the arguments supported by the writer are placed in the second half of the main body will be referred to as the 'strong structure', since it is this strategy which offers the strongest opportunity of influencing the reader.

A major difficulty still needing to be resolved is the fact that, sound as the above advice may be, it is not always possible for the writer to feel very positively about one side of the question. He may often feel sufficiently interested in a topic to wish to write about it, but his views on the subject may be very mixed. That should not deter him from using an extension of the 'strong structure', by still dividing the main body of the essay into two distinct halves, but ending with no firm decision as to the superiority of one side of the argument. (See Example Essays on pp. 32–3, 36–8)

Parallel Argument Development

The above method is not the only way of structuring the main section of the composition, although it is the most efficient and easily managed. Essays often proceed by means of what might be termed the 'parallel argument development', in which a point is put and its advantage assessed, followed immediately by an analysis of its disadvantages, or vice versa. If this procedure is represented diagramatically, then the difficulties of the method are immediately obvious.

Throughout the composition, the student is obliged to weigh up both sides of individual points before assessing their totality. Unless he is very fluent in written German and has a highly logical and organised mind, such an assignment is very demanding and, more important, whether or not he succeeds in achieving general clarity and balance within each point, the task for the reader will be made more difficult with this method, since he will have to be sifting two sides of an argument at every point. Once again, the question of shape is important, since, because both sides of each point presented are developed at each stage, no general feeling of weight of argument will emerge. Often, with the 'strong structure' the trend of the essay will have become quite clear to the eye of the reader by the volume of argument produced, since the writer will tend to write at greater length on the side he supports, or have more ideas about it, and his position will be commensurably evident. This is a most valid point, since it is essential for the reader to have a clear indication as to which side of the topic the writer

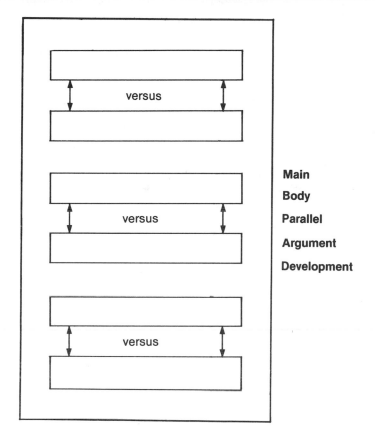

Main

Body

Parallel

Argument

Development

supports and he or she should not have to wait to discover such information in the final lines of the summing-up. (See Example Essay on pp. 39, 41.)

As will be seen in the essay on p. 39, the 'parallel argument' format is most acceptable when competently handled, but it is perhaps something to aim at by way of variety, once one has acquired considerable experience of essay writing in German.

The Explanation-Type Essay
On p. 41 there is an example of another method, which will be called the 'explanation-type' essay. Here the essayist is asked to account for a given situation and the previous two-sided approach is no longer suitable. In some respects such a composition is easier, in that the student is not conscious of having to balance his arguments where possible, but it does mean, as has already been suggested, that he may have greater difficulty in finding a sufficiently large number of points to develop along the one line of his argument.

Besides obvious explanation topics like *Wie erklären Sie sich die Spannung zwischen den Generationen?*, there are other frequently encountered themes for which he will probably feel a one-sided approach is appropriate, such as the recounting of impressions of visits to German-speaking countries and favourite interests and pastimes. But, should he find himself short of points for discussion within such a topic, it is often possible to broaden the discussion into, for example, what he found to be similar and different in Austria, or the joys and frustrations of his love of opera.

The Conclusion

Many otherwise well-written compositions lose their authors some credit in the very last lines, through a conclusion which is an almost verbatim repetition of the introduction. The tendency to reproduce the initial stages of the essay in the final paragraph can be countered in a variety of ways. If the student can write the end without looking back at the beginning, this is often of help, though it is by no means fool-proof, since ideas from his introduction are likely to re-surface in the mind, when he comes to concentrate on the conclusion. If, however, he can select a specific style of closure, which is very different from the way he led into the main body, this will be of considerable assistance.

The final main point brings about a neat close. In this paragraph the writer ends on a high point by introducing (a) the most important point of all for consideration (b) a possible solution to a vexed problem or (c) something we would be well-advised not to forget and using formulae such as:

> *Die Frage ist nun die, ob . . . . . der beste Weg dahin ist. Wäre es nicht besser . . . . ?*
> *Andererseits darf man nicht vergessen, ...*

The look-to-the-future looks beyond what has been written and pursuades the reader to think of future possibilites:

> *Man blickt fasziniert auf die Chance . . . . zu tun.*
> *Beträchtliche Schwierigkeiten bleiben noch zu klären.*
> *Ein Ende ist nicht abzusehen.*
> *Worauf es nun ankommt, ist . . . .*
> *Wenn wir . . . . im Auge behalten, sollte es möglich sein . . . .*

International implications. The writer concludes by asking his readership how what has just been discussed will effect other civilisations, nations, socio-economic groupings:

> *Jeder denkende Mensch, wo immer er lebt . . . .*
> *Sind die großen Probleme der Zukunft nur gemeinsam zu bewältigen?*

The quotation. An aptly chosen quotation will often give your closure the feel of official approval:

Demokratie, so sagte einmal ein englischer Schriftsteller, sei wie ein Floß in bewegter See. Es könne nicht untergehen aber man habe ständig nasse Füße.

Who can tell? How much of a relief it can prove for the writer to opt out of the final judgement and leave the case open:

Wenn wir nur wüßten!
Die Sache schwebt noch und wird immer schweben!

The dramatic, ironic, or satirical comment. Like the last device, this is a means of·opting out of a definite decision, but is perfectly valid, since so many essay questions pose insoluble problems. Such a closure, like the two above does, if used properly, show that the writer has a degree of wit:

Alles ist Kismet!
Hinter den Tüllgardinen regt es sich.
In Krisenzeiten trinken wir gelassen unseren Tee!

COMMON FAULTS

Attention to structure along the lines suggested in this chapter will help the writer to plan and develop an essay which is logical and interesting, but there are other pitfalls to be avoided, if he wishes to write something which will retain his readers' attention and obtain their approval. Below is a brief list of common faults which will detract from the effectiveness of the presentation and lose marks.

Digression. Length is an encouragement to digression. If you have found three or four main points for each side of an argument, stick to them. To test whether you are wandering, look back at your title each time you introduce a new paragraph or illustration. Ask yourself: 'Is what I am writing relevant to the title?' If it is not, either omit it, or find some means of relating it specifically to your topic.

Loss of thread. This is related to and is often a consequence of digression. It occurs frequently when the paragraph becomes too long. As a rule of thumb, keep to a minimum the number of paragraphs over two-thirds of a page in length. If you realise you have lost your thread, do not be afraid to cross out irrelevant material and continue from the last point where you were recognisably on theme.

Counter-writing. This often occurs in over-involved writing. Check through your paragraph to ensure you have not just contradicted yourself. Once again, relatively short, crisp paragraphing will help to obviate this defect.

Story-telling. A language essay which devolves into narrative when discussion and rational argument are called for will not score you much credit. Unless you are specifically asked to tell the story of something, do not do it!

Padding is something with which we are all familiar and is often the understandable human reaction of a student obliged to comply with a minimum-length regulation. It is nonetheless best avoided. A short essay that is relevant will score more marks than one so full of cotton-wool that it is immediately evident to the most undiscerning reader, let alone your teacher or examiner. If you have an unintentional tendency to pad out your work, then, once again, shorter paragraphs will help.

Repetition is for most people an unconscious fault, since it is a result of the mind's natural tendency to reproduce language patterns that have just been used. Nevertheless, frequent repetition creates a bad impression, because the reader comes to feel (a) the writer is saying nothing new (b) his or her vocabulary must be very limited if there is so little variation. Beware of the sin of repetition while you are actually writing a paragraph and find synonyms for the lexis you see yourself repeating.

Above all, avoid excessive use of *haben*, *sein* and *machen* and use the vocabulary in the Appendix, plus your own discoveries to widen your choice of individual words.

Punctuation or the lack of it is not only something which shows how careful the writer is, it is something which can lose you many marks in your German essay. A comma before a relative clause is obligatory in German, so is a capital for the first letter of a noun. Similarly, *umlauts* are not meant to be omitted, since, as we know, they change the sound of a vowel. All these are easy checks which you can make, to ensure that you avoid losing unnecessary marks. It would be a pity if excellent planning were let down by a few careless slips of the pen, which remained uncorrected.

Chapter 4

Model Essays

The model or specimen essays in this Chapter aim to provide a base from which the student may develop his own essay style and content over a wide variety of topics. They have been graded and divided into sections. The early models in **Section A** offer complete examples of how frequently-encountered themes might be tackled, and aim at presenting the material in a style that is readily adaptable. It is suggested you read through this section using Appendices A and B to help you where you are uncertain of the precise meaning of the German and noting(a) the way in which the material is developed, and (b) the ideas and *Redewendungen* that suit your own personality and style.

Section B provides you with only the introductory and concluding paragraphs of the essay topic and you are requested to write the main body of the essay, using these paragraphs as your foundation.

Section C challenges you to write paragraphs for selected titles with no help except the phraseology and vocabulary contained in the Appendices.

SECTION A

1. Ein älterer Bruder von Ihnen ist im Ausland tätig. Sie hören lange nichts von ihm, dann erhalten Sie einen Brief mit interessanten Nachrichten. Schreiben Sie diesen Brief.

Gesellschaft	*Kultur*
1. Wohlstand	4. Theater
2. Neue Wohnung	5. Fernsehen
3. Einladungen	6. Humor

Lieber Peter,

Intro. sicher hast Du* Dich gewundert, daß Du so lange nichts von mir gehört hast. Du wirst es verstehen, wenn ich Dir erzähle, was sich in den vergangenen vier Wochen alles ereignet hat.

1.   In meinen ersten Eindrücken hatte ich sicher schon erwähnt, wie wohlhabend hier alles wirkt. Davon bin ich noch immer beeindruckt. Alles sieht ordentlich aus, sogar die Jeans der jungen Leute sind anders als bei uns. Das würde Dir vielleicht nicht gefallen.

2.   Vor zwei Wochen habe ich endlich die Mietwohnung bezogen. Es gibt hier viel mehr Wohnblocks als bei uns, vor allem sind viele von diesen Wohnungen sehr teuer. Die meinige ist aber nur klein, für mich aber günstig gelegen, da ich in zehn Minuten ins Büro gehen kann.

3.   Ich habe auch neue Bekanntschaften gemacht. Letzten Sonntag war ich abends zum Essen eingeladen. Es ist etwas förmlicher als bei uns, aber der Abend war trotzdem sehr gemütlich.

4.   Inzwischen war ich auch schon zweimal im Theater. Das Bühnenbild im Stadttheater ist viel moderner als wir es gewöhnt sind. Auch die Kostüme sind stilisiert und nicht sehr farbenfreudig.

5.   Das Fernsehen ist recht unterschiedlich von unserem. Politik steht mehr im Vordergrund; fast jeden Abend kann man Reden oder Debatten hören. Es gibt auch nicht viele leichte

6.   Unterhaltungssendungen. Am meisten wunderte ich mich, als ich eine „Komödien"-Sendung anstellte. Dies war politische Satire, wie man sie bei uns fast nie zu sehen bekommt. Der deutsche Sinn für Humor ist doch wohl sehr anders als der englische.

Concl.   Je länger ich hier bin, umsomehr bemerke ich die Unterschiede. Vieles gefällt mir besser, manches weniger gut, aber ich bin froh, hier zu sein. Vor allem ist der Aufenthalt interessant und abwechslungsreich. Bis zum nächsten Brief sende ich Dir die herzlichsten Grüße,

Dein
Keith

* Capital "D" optional in letter format.

2. „Meine erste Flugreise"

Seit Wochen habe ich von dieser Reise geträumt. Zuerst wurden Pläne geschmiedet, dann Prospekte besorgt und studiert, Reiseziele ausgewählt und wieder verworfen und schließlich besiegelte die Bestellung im Reisebüro dieses lange Planen. Ich dachte auch weiterhin an sonnige Tage, laue Abende und durchtanzte Nächte, aber nie hatte ich auch nur einen Gedanken an die Anreise verschwendet.

Die Fahrt zum Flugplatz mit dem neuen, extraleichten Koffer war noch anregend. Die ersten Zweifel kamen mir beim Durchschreiten der automatischen Glastüren. Nur wenig später wurde mir der Koffer abgenommen, aber ich fühlte mich nicht erleichtert sondern eher schutzlos und verlassen. Auch hatte ich jetzt Zeit, mich umzuschauen. Die meisten Fluggäste standen oder saßen herum und wirkten äußerst gelassen. Mein Magen krampfte sich zusammen als auf dem Asphalt eine Maschine aufheulte und mit hohem Ton weitersurrte–mir war als ob ich auf eine Zahnbehandlung wartete.

„Du mußt dich zusammennehmen, denk an etwas Anderes. Dort drüben—die beiden jungen Männer—ob sie auch nach Majorka fliegen?" Selbst diese Möglichkeit konnte mich jetzt nicht ermuntern. Doch verging beim Betrachten der anderen Passagiere die Zeit und nur allzuschnell wurde unser Flug ausgerufen. Karten abgeben, Handtasche öffnen; Polizei, Flugpersonal—jeder schob uns weiter, es gab kein Entrinnen aus dem gläsernen Korridor, der uns in Richtung auf die Maschine steuerte. Dann die hohe Treppe zum Eingang, noch ein letzter tiefer Atemzug und ich duckte mich beim Betreten der eng wirkenden Maschine. Ich hörte die Begrüßungsworte der Stewardess kaum.

Jetzt im Flugzeug wirkten einige meiner Mitreisenden auch nervös. Haltegürtel wurden ein- und ausgeknipst, Rettungsjacken gesucht, betrachtet und wieder verstaut, einige Zigaretten wurden angezündet und bald wieder ausgedrückt, als das Lichtsignal dazu ermahnte. Als nun unsere Maschine aufheulte, konnte ich mich nur ruhig geben, indem ich die Augen schloß und mich tief in den Sessel drückte. Ich merkte kaum, daß der eigentliche Moment des Abfluges gekommen war. Eine Kinderstimme ließ sich über dem ohrenbetäubenden Lärm hören: „Mammi, Mammi, wie klein die Autos sind. Ist das wirklich unsere Stadt?"

Das Dröhnen wurde zu einem Brummen, die Maschine wurde ruhiger und ich fühlte mich nicht mehr wie eine Möve, die wie irr im Himmel auf- und absteigt. Ich hörte allgemeines Gemurmel und dann riß die Stimme des Piloten mich aus meinem tranceähnlichen Zustand. Erst jetzt wagte ich, die Augen zu öffnen. Welch ein Anblick bot sich mir da! Strahlend blauer Himmel und tief unter uns ein weiches, weißes Wolkenbett. Ich traute kaum meinen Augen, denn am Flugplatz war es trübe und unfreundlich gewesen. Ich hatte dies zwar schon alles gehört, aber keine Beschreibung hatte mir dieses berauschende Gefühl von Höhe und Schönheit vermitteln können. Meine Angst war mit einem Mal verschwunden und ich blickte fasziniert aus dem Fenster.

Bald klapperte der Teewagen den Gang hinunter, Tassen klirrten, Tee und Kaffee dufteten verlockend und brachten mich wieder zu mir selbst zurück. Nur wenig später hatte sich alles eingespielt—wir hätten in einem Bus sitzen können. Meine Aufregung war völlig verschwunden und ich konnte mich den neuen und interessanten Vorgängen im Flugzeug widmen.

Die drei Stunden vergingen fast zu rasch und als wir zur Landung ansetzten, war ich zur abgebrühten Reisenden geworden, sah aus dem Fenster, wechselte einige belanglose Worte mit meinem Nachbarn und sah den Ferien erwartungsvoll entgegen.

Dies alles war vor zwölf Tagen und letzte Nacht durchlebte ich die Stunden noch einmal im Traum. Wie mag es mir morgen ergehen, werde ich meine Haltung bewahren können und sorglos mit den beiden jungen Männern plaudern, ohne daß sie mir meine Nervosität anmerken? Aber natürlich—es ist doch schließlich nicht mein erster Flug!

3. Mein Motorrad—mein Hobby

Die Maschine an sich
1. Basteln—montieren
2. Maschine verstehen
   lernen

Das Fahren
3. Unabhängigkeit
4. Geschwindigkeit
5. Die Gruppe

Intro.   Mein Motorrad ist mein Hobby. Seit einem Jahr habe ich dafür gespart, seit drei Monaten steht es in der Garage und ich bastele fast täglich daran, um es straßentauglich zu machen. Seit zwei Wochen ist es fertig und heute bin ich siebzehn Jahre alt geworden und kann damit fahren. Nun wird es mehr ein Hobby sein als je zuvor.

1.   Schon immer habe ich gern gebastelt, aber Meccanobauten, auch wenn sie noch so gut funktionieren, müssen schließlich wieder
2.   auseinandergenommen werden. Als ich mein altes Motorrad kaufte, hatte ich nicht viel Ahnung von Motoren und Maschinen, mußte also mühsam lernen. Zwar mache ich noch oft Fehler; wenn ich sie aber selber finden und korrigieren kann, empfinde ich tiefe Befriedigung. Drei Monate habe ich gebraucht, um das Rad in Ordnung zu bringen, aber jetzt ist es fertig und meine Arbeit hat einen Sinn gehabt. Es war keine Spielerei.

3.   Nun freue ich mich auf die Dinge, die ich mir vom Besitz eines Motorrades verspreche. Es gibt mir Unabhängigkeit von öffentlichen Verkehrsmitteln und für verhältnismäßig geringe Unkosten kann ich abgelegene Orte leicht erreichen. Wenn ich meinen Führerschein gemacht habe, kann ich sogar einen Freund als Passagier befördern.

4.   Ich freue mich darauf, Geschwindigkeit wirklich zu fühlen. In einem Auto ist man isoliert, während man auf dem Motorrad den

Gegenwind am Körper spürt. Man sieht die Straße unter seinen Füßen vorbeisausen und muß mit dem ganzen Körper auf die Kurven reagieren.

5. Die Freiheit, wählen zu können erhoffe ich mir von dem Rad. Ich kann alleine wegfahren, entkommen. Andererseits kann ich mit mehreren Freunden zusammen die Gegend durchstreifen. Wir können Gemeinsames erleben, wir können uns aber auch aneinander messen.

Concl. Das Motorrad ist für mich ein ideales Hobby. Es befriedigt meine Bastellust, den Wunsch mit der Mechanik vertraut zu werden. Es gibt mir aber auch Unabhängigkeit, Freiheit und die Möglichkeit zu gemeinsamem Erleben. Ob zu Hause oder unterwegs, das Rad nimmt meine ganze Freizeit in Anspruch.

4. Warum ich gern ins Theater gehe

1. Theaterstücke—Lesen und Sehen
2. Unmittelbarer als ein Film
3. Phantasie-Welt
4. Entspannung
5. Atmosphäre
6. Treffpunkt

Intro. Dieser Titel ist für mich nicht nur eine theoretische Angelegenheit, denn ich gehe wirklich gern ins Theater. Dafür gibt es etliche Gründe, die meisten davon sind aber nicht akademischer Art. Zwar könnte ich hochtrabende Motive anführen, aber ich möchte hier lieber meine wirkliche Meinung aufzeichnen.

1. Zum ersten—obwohl ich viel und gerne lese, macht es mir keinerlei Vergnügen, mich mit Theaterstücken abzuplagen. Ein Roman ist für mich geschrieben, ein Stück aber für den Produzenten und die Schauspieler. Es ist dann ihre Aufgabe, Begeisterung, Trauer oder Heiterkeit in mir zu erwecken.

2. Gerade darum gehe ich ja ins Theater. Die Szene ist nicht so echt wie im Film, vieles bleibt meiner Einbildungskraft überlassen, aber es sind wirkliche Menschen, die sich dort oben gegenüberstehen und mir ein Gefühl von Mitleid oder Freude einflößen.

3.
4. Das tägliche Leben ist oft so eintönig und wenn die vielen Pflichten mich gar zu sehr deprimieren, entfliehe ich gern in die Phantasiewelt des Theaters. Selbst wenn das Stück von meinen eigenen Problemen handelt, lohnt sich der Besuch. Mir wird eine andere Seite gezeigt und oft sehe ich dann, wie lächerlich das Ganze ist. So finde ich Entspannung und Abwechslung, die mir neuen Antrieb für den nächsten Tag geben.

5. Ich liebe auch die Atmosphäre des Theaters. Das leise

Gemurmel der wartenden Zuschauer, das Bimmeln der ersten Glocke und die erwartungsvolle Stille ehe der Vorhang sich hebt. Für einige Stunden ist man in einer anderen Welt.

6. In der Pause treffe ich oft Bekannte und die Atmosphäre des Theaters bewirkt es, daß wir uns anders unterhalten als sonst. Vielleicht sind wir alle überaus heiter aus dem zweiten Akt gekommen, oder wir reden über phantastische, unmögliche Dinge, die uns sonst nie eingefallen wären.

Concl. Wie man sieht—es gibt viele Gründe, ins Theater zu gehen und dabei habe ich Shakespeare und Literaturprüfungen noch nicht einmal erwähnt!

5. Was sind Ihrer Meinung nach die Vorteile des Landlebens gegenüber dem Stadtleben—oder umgekehrt?

Land	Stadt
1. Fabriken, Arbeit	6. Ruhe
2. Verkehrsmittel	7. Keine Gewalt
3. Viele Leute, nie einsam	8. Frische Luft
4. Tempo—keine Langeweile	9. Wandern, Erholung.
5. Einrichtungen—Zeitvertreib	

Intro. Die meisten Menschen können sich nicht aussuchen, wo sie wohnen wollen. Wenn man in der Stadt lebt, denkt man manchmal, es müßte doch angenehm sein, aufs Land zu ziehen. Welche Vorteile gibt es für Land oder Stadt?

1. In einer Stadt gibt es mehr Arbeitsstellen als auf dem Land. Viele Leute sind also gewissermaßen gezwungen, in Stadtnähe zu leben. Da so viele Menschen dicht beieinander wohnen, gibt es mehr

2. Verkehrsmittel als auf dem Lande. Man hat oft die Wahl zwischen mehreren Bussen oder es gibt sogar eine Bahn.

3. In der Stadt ist man nicht so leicht einsam. Überall sind viele Menschen und es gibt Vereine und Geselligkeiten, wo man neue

4. Freunde erwerben kann.—Alles geht schnell und so entsteht selten

5. Langeweile. Vor allem aber gibt es in der Stadt so viele Zerstreuungen, für jeden Geschmack etwas. Meist findet man mehrere Sportplätze und Schwimmbäder, man kann ins Theater oder Kino gehen, oder Konzerte und Diskotheken besuchen. So kann man immer Zeitvertreib finden.

6. Auf dem Lande ist alles ruhiger. Es gibt weniger Verkehr auf den

7. Straßen, keine Verschmutzung und auch weniger Gewalttaten.

8. Man kann frische Luft atmen, die Schönheit der Natur bewundern

9. und man hat Gelegenheit, zu wandern und sich zu erholen.

Concl. Es gibt Vorteile für das Leben auf dem Lande, aber auch für das Stadtleben. Ich glaube, es hängt von der eigenen Persönlichkeit ab, ob man Ruhe oder Tempo bevorzugt. Auch könnte ich mir denken, daß viele junge Leute die Stadt vorziehen, aber später lieber auf dem Land leben würden. Für viele ist die Stadt angenehm und erträglich, weil sie wissen, daß sie in ihrer Freizeit aufs Land entfliehen können.

6. „Die Emanzipation der Frauen ist zu weit gegangen." Sind Sie derselben Meinung?

Historisch gesehen ist die Emanzipation der Frauen eine neue Erscheinung, aber die Veränderungen, die sich in der Stellung der Frau in Familie und Gesellschaft seit Auftreten der ersten Frauenrechtlerinnen vollzogen haben, sind weittragend. Handelt es sich hier um ein Pendel, das zur Zeit noch zu weit ausgeschlagen hat, ehe es in eine mittlere Lage zurückkehrt, oder ist es ein linearer Fortschritt, der zwar schon bemerkenswert aber noch weiter entwicklungsfähig ist?

Im politischen Bereich läßt sich sagen, daß Frauen schon lange zum Einkommen der Familie beigetragen haben. Innerhalb der letzten 50 Jahre haben immer mehr Frauen die Möglichkeit wahrgenommen, einen Beruf zu erlernen, und viele arbeiten auch nach ihrer Heirat weiter. Die Frau ermöglicht also häufig ein Steigen des Lebensniveaus. Vom Standpunkt des Einzelnen aus gesehen, kann die Emanzipation der Frau also durchaus Vorteile haben, und von der Wirtschaft wird die Frau heutzutage immer mehr gebraucht, da viele Stellen ausreichend oder besser von Frauen besetzt werden. So trägt die Frau zum eigenen sowie zum Staatshaushalt beträchtlich bei. Sollte sie daher nicht die gleichen Rechte genießen, wie der Mann, und im gleichen Maße mitbestimmen können? Ist es nicht richtig oder sogar wünschenswert, daß mehr Frauen in gehobenen politischen Ämtern erscheinen, um den weiblichen Standpunkt zu vertreten?

Auf gesellschaftlichem Gebiet lassen sich ebenfalls Argumente anführen, die für den neuen, verantwortungsvolleren Stand der Frau sprechen. Frauen sind nicht nur fähig, Kinder zu erzeugen, und großzuziehen. Auch ohne den Luxus von Dienstmädchen hat die moderne Frau Gelegenheit und Zeit, dank der maschinellen Haushalthilfen, sich über Aktuelles zu informieren, und ihre eigene Meinung zu bilden. Sie sollte auch die Gelegenheit haben, dieser Meinung Ausdruck geben zu können, besonders wenn sie selbst einen Beruf hat und zum Beispiel als Gewerkschaftlerin tätig sein kann. Anderseits kann sich die zunehmende Beschäftigung von Frauen, besonders in Fabriken, ungünstig auf den Arbeitsmarkt auswirken. Ehe Frauen weitgehend in der Industrie beschäftigt wurden, hatten die meisten Familien nur den Vater als Broterwerber. Wenn eine Frau arbeitete, war es normalerweise als Hausangestellte, ein Gebiet auf dem sie den Männern keine Konkurrenz bot. Heute verlieren Männer, vor allem Jugendliche, zwangsläufig Arbeitsplätze, die jetzt an Frauen gegeben werden. Dies könnte als Nachteil der größeren Integrierung der Frau in die Wirtschaft bezeichnet werden.

Ein weiterer Nachteil wird offenbar, wenn man die Zelle der Gesellschaft, die Familie, unter die Lupe nimmt. Der höhere Lohn ermöglicht den Erwerb eines Farbfernsehers, aber für die Kinder, die dann stundenlang davor gesetzt werden, ist die Farbe kein Ersatz für Familienkontakt und Mutterliebe. Einmal in die Tretmühle der Arbeit eingestiegen, muß die Mutter, wenn auch oft gegen ihren Willen, Zugeständnisse machen, die für die Kinder von Nachteil sein können. So beobachten wir sogenannte „Schlüsselkinder", die sich ihr täglich gleiches Mittagessen vom Schnellimbiß holen, dann an Straßenecken herumlungern oder in ein leeres Haus zurückkehren. Andererseits ist manche Mutter aufgeschlossener und in sich selbst zufriedener durch ihre Arbeit, sodaß ein Familiengespräch vielseitiger und anregender ist.

Da die wirtschaftlichen Argumente für und wider die Emanzipation der Frau schon in den beiden vorigen Absätzen erwähnt wurden, seien sie nur noch kurz wiederholt. Die arbeitende Frau kann im Falle von ärmeren Familien zu einem annehmbaren Lebensstandard verhelfen, bei vielen anderen Familien ein besseres Leben ermöglichen. Andererseits kann das Arbeiten eben dieser Frauen, Männern anderer Familien den Arbeitsplatz rauben und dort größere Armut erzeugen. Gleiche Bezahlung von Männern und Frauen sollte dies aber weitgehend verhindern, da Frauen jetzt normalerweise nicht mehr als 'billige' Arbeitskräfte gesucht werden können.

Im kulturellen und geistigen Leben haben Frauen lange im Hintergrund gestanden. Sie übten oft starken Einfluß auf die männlichen Denker und Literaten aus, aber errangen selbst nur selten Anerkennung, Ruhm und Ehre. Heute nehmen viele Frauen einen angesehenen Platz in Kultur und Wissenschaft ein. Wenige würden bestreiten, daß Frauen anders denken und fühlen als Männer, aber eben dieser Unterschied erlaubt ein mehrseitiges Beleuchten der anliegenden Probleme.

Die oben angeführten Punkte zusammenfassend, würde ich sagen, daß positive und negative Argumente sich hauptsächlich in wirtschaftlicher Hinsicht die Waage halten. Für die Gesellschaft im Allgemeinen hat die weibliche Emanzipation mehr Vor- als Nachteile, während es in der Familie sehr auf die betreffende Mutter ankommt, ob die Kinder durch ihr Arbeiten gefördert oder vernachlässigt werden. Auf politischer Ebene ist es sogar schwierig, Gründe anzuführen, die die Aussage des Titels unterstützen. Auf Grund dieser Auslegung bin ich also nicht der Meinung, daß die Emanzipation der Frauen zu weit gegangen ist.

7. „Bereitet die Schule die Jugend genügend aufs Leben vor?"

Positiv	Argumente	Negativ
Mehrzahl	Lesen, Schreiben, Rechnen	Minderheit, Kritik aber für alle Begabungen
	Arbeitsvorbereitung	Nur für schwache Schüler
Einige	Verantwortung	Einige
Wenn Arbeit = Leben ist	Akademische und praktische Betonung	Nur praktische Arbeitsvorbereitung, keine Lebensvorbereitung
	Der gebildete Mensch	Prüfungen

Zur Beantwortung dieser Frage müssen wir verschiedene Gebiete betrachten und diese jeweils den Anforderungen des Einzelnen sowie denen der Gesellschaft gegenüberstellen. Im Rahmen dieses Aufsatzes ist es allerdings nicht möglich, tiefer auf die Bedeutung des Wortes „Leben" einzugehen.

Wohl jeder erwartet, in der Schule das Lesen, Schreiben und Rechnen zu erlernen. Zwar setzen Erziehungsfachleute ihre Ziele weit höher, aber viele würden schon die drei R's für ein annehmbares Ziel halten. Man sollte meinen, daß jedem Gesamtschüler nach elfjährigem Schulbesuch dieses Wissen vermittelt werden könnte, und doch hört man oft Klagen von Seiten der Arbeitgeber betreffs der ungenügenden Kenntnisse der neu Eingestellten. Die Rechtfertigungen der Lehrer und die Stimmen der Arbeitgeber sind statistisch bisher noch nicht voll erfaßt und ausgewertet, aber es hat den Anschein, daß schon Grund zur Klage vorhanden ist, wenngleich weniger schwerwiegend als manche Berichte zu zeigen versuchen. Andererseits sind Mängel nicht nur bei den schlechtesten Schülern festzustellen, sondern gute Mathematiker verstehen es oft nicht, sich fließend in ihrer Muttersprache auszudrücken, während sprachlich Begabte selbst elementare Mathematik vernachlässigen.

Warum konzentrieren wir uns derart auf diese Elementarkenntnisse? In den Augen vieler ist die Schule in erster Stelle weniger eine Vorbereitung aufs Leben als auf die Arbeit. Da dies ein untergeordnetes Ziel ist, sollte es zumindestens erfüllt werden. Es werden beständig Versuche gemacht, den Lernstoff für die Schüler interessant und bedeutungsvoll zu gestalten, und die Verbindungen zum Beruf zu zeigen. Doch haben diese neuen Kurse nicht immer den gewünschten Erfolg, zumal sie oft nur den schwächeren Schülern geboten werden.

Man lernt nicht nur Fakten in der Schule, sondern sollte auch zur Verantwortung in der Gesellschaft erzogen werden. Viele Schulen haben gute Systeme, die schon jungen Schülern, ungeachtet ihres Notenbildes, Verantwortung übertragen; andere Schulen jedoch vernachlässigen diesen wichtigen Teil der Ausbildung.

Im vorletzten Paragraphen wurde schon die Frage gezielter Kurse angeschnitten. Ist es die Aufgabe der Schule, schon früh Wahlfächer zu bieten und die Schüler auf diese Weise direkt auf eine. Laufbahn vorzubereiten? Eine Teilung in akademische und nicht-akademische Fächer läuft dem Grundsatz der Gesamtschule zuwider. Zwar könnte man anführen, daß so eine bessere Vorbereitung auf die Arbeit erfolge, aber andererseits würden damit notwendigerweise erzieherische Ziele, eine Bildung als Lebensvorbereitung zu vermitteln, zu kurz kommen. Denn auch akademisch begabte Schüler werden häufig nur gedrillt, und nicht gebildet.

Soll die Schule nur auf die Arbeit, oder aufs gesamte Leben vorbereiten? Für viele ist die Schulzeit die einzige Gelegenheit, eine breitere Bildung zu erlangen und daher sollte diese Zeit nicht auf enggezieltes Lernen beschränkt werden. Viele Prüfungen in England zwingen den Lehrern diese Art Lernen auf, während andere weiterblickende Ziele haben.

Inwieweit bereitet die Schule den jungen Menschen also aufs Leben vor? Es scheint, daß viele Kurse noch ziemlich direkt auf einen Arbeitsplatz vorbereiten und dabei nicht einmal immer erfolgreich sind. Andererseits werden Versuche zu breiterer Bildung gemacht, aber Ziele sind nicht immer klar erkenntlich und durch die Beschränkung dieser Kurse auf bestimmte Gruppen sind sie schon von vornherein benachteiligt. Zusammenfassend würde ich also sagen, daß heute zwar viel über das hier behandelte Problem nachgedacht, geforscht und geschrieben wird, aber daß man bisher noch nicht die ideale Stellung erreicht hat, in der Lebensvorbereitung und Berufsvorbereitung sich für die Schüler verschiedener Begabung die Waage halten.

8A. Ist die Gesamtschule der beste Weg zur Chancengleichheit?

Plan   *Einleitung*
                   Kern: Ideal der Chancengleichheit
                            Durchführung
                            Nachteile (Größe, Leistungszüge)
                            Gegenmaßnahmen   (Leistungsgruppen,
                                   Fürsorge)
                  Schluß
Die Gesamtschule ist eine verhältnismäßig neue Erscheinung in der

Erziehungsgeschichte. Im Laufe der Zeit wurden durch verschiedene private und später staatliche Maßnahmen immer mehr Kinder vom Schulsystem erfaßt. Nachdem Unterricht für Alle erreicht war, machte sich aber bemerkbar, daß längst nicht alle Kinder im gleichen Maße von der Schule profitieren. Aus dieser Erkenntnis entsprang der Begriff der Chancengleichheit, die anstrebt, jedem Kind, ungeachtet seiner häuslichen Verhältnisse, die für seine Bedürfnisse bestmögliche Erziehung zu vermitteln. Ein Versuch, dieses Ziel zu erreichen, ist die Gesamtschule und ich will mich bemühen, kurz zu erklären, auf welchem Gedankengang sie beruht, werde aber auch einige Nachteile, die sich häufig offenbaren, erwähnen, um am Schluß durch ein Abwägen die obige Frage beantworten zu können.

Die Notwendigkeit für eine Alternative zu dem früheren Dreiersystem: Volks-, Mittel- und Oberschule, oder, wie es heute oft heißt, Hauptschule, Realschule und Gymnasium, ergab sich aus der Erkenntnis, daß Kinder aus Arbeiterfamilien, die nach Testergebnissen von durchschnittlicher oder überdurchschnittlicher Begabung waren, häufig nur minderwertige Leistungen in der Schule vollbrachten. Der Rahmen dieses Aufsatzes erlaubt nur eine kurze Zusammenfassung der Gründe: Sprachgebrauch im Elternhaus, der abstraktes Denken nicht fördert; geringe Motivierung wenn Erfolg in der Schule von Eltern und Kindern für das spätere Leben als unwichtig angesehen werden; kein elterliches Vorbild für Lernen und Lesen; kein Lesestoff im Haus und unzureichende Arbeitsmöglichkeit im beengten Haushalt.

Aus diesen und anderen Gründen kommt also ein Arbeiterkind oft mit einer Benachteiligung zur Schule, die es überwinden muß, ehe es dem Kind aus bürgerlicher Familie nur gleichgestellt sein kann.

Das reformierte Schulsystem strebt eine Chancengleichheit an; dies will nicht heißen, daß alle Kinder bei Schulabgang das gleiche Leistungsbild zeigen sollen, sondern nur, daß jedem Kind die Möglichkeit geboten wird, aus seiner individuellen Begabung den größtmöglichen Nutzen zu ziehen.

Wie kann dies Ideal verwirklicht werden? Die Gesamtschule, wie der Name besagt, faßt alle Kinder unter einem Dach zusammen, die Ausleseprüfung im elften Jahr wird also überflüssig. Dadurch wird zumindestens dem Spätentwickler eine bessere Möglichkeit geboten, nicht schon in jungen Jahren als „nicht-akademisch" gestempelt zu werden. Die Gesamtschule soll einmal das Überwechseln zwischen praktischen und akademischen Kursen von Jahr zu Jahr erleichtern, vor allem aber auch innerhalb eines Jahrgangs eine Mischung von Kursen ermöglichen, die den Bedürfnissen des Einzelnen angepaßt sind. Aus diesem Grund ist es notwending, daß die Gesamtschule zahlenmäßig groß ist. Bei höherer Schüler- und daher Lehrerzahl ist es möglich, mehr Spezialfächer in den Lehrplan aufzunehmen, vor allem aber auch, Hauptfächer in verschiedenen Leistungsstufen anzusetzen, um jedem Kind eine große Auswahl zu bieten.

Die eben erwähnte Art, eine Gesamtschule zu führen, ist leider oft nicht verwirklicht. Es ist schwierig, den Stundenplan und die Lehrerverteilung so zu organisieren, daß jedes Kind in jedem Fach in der richtigen Stufe unterrichtet wird. Eine wesentlich einfachere Art, die Schule zu organisieren, ist sie nach Leistungszügen zu unterteilen. Drei, vier oder gar fünf Leistungszüge werden angesetzt, in die die Schüler eingestuft werden. Ein Leistungszug, der sich über das gesamte Lehrgebiet erstreckt, kann aber einer Begabung, die sich nur in ein oder zwei Fächern bemerkbar macht, keine Rechnung tragen. Die Schule zerfällt dann, ähnlich wie in dem alten System, in mehrere Teile. Ich würde sagen, daß eine Gesamtschule, die nach diesem Prinzip geführt wird, dem Dreiersystem gegenüber keine wesentlichen Vorteile bietet.

Im Gegenteil, die Nachteile, die durch die große Schülerzahl entstehen, verschlechtern die Lage. In einer Riesenschule kann es leicht dazu kommen, daß Kinder kaum einem Lehrer wirklich bekannt sind und daß sie sich auch in der Schülermenge verlassen und unbedeutend vorkommen. Diese Nachteile können allerdings gemildert werden. Viele Schulen haben ein gut ausgebautes Fürsorgesystem, in dem die Schülerschaft in übersehbare Gruppen unterteilt ist mit Klassenlehrern, Vertrauenslehrern, die für einen ganzen Jahrgang verantwortlich sind und Schülervertretern, die sich ebenfalls darum bemühen, jedes Kind zu seinem Recht kommen zu lassen.

Wie könnte man nun, an Hand der vorgehenden Auslegung, die oben gestellte Frage beantworten? Ich würde sagen, daß der Begriff der Chancengleichheit äußerst wünschenswert ist und zwar sowohl vom Standpunkt des Einzelnen als auch dem des Gesamtwohles aus gesehen.

Die Frage ist nun die, ob die Gesamtschule der beste Weg dahin ist. So wie viele Schulen organisiert sind, in starre Leistungszüge getrennt, sind die Nachteile, die die Größe verursacht, trotz der Schulfürsorge, größer als die Vorteile, die dadurch entstehen sollen, daß alle Leistungsgruppen vereint sind. Einerseits gehören die Kinder, wie bisher, einer Gruppe an, die sie selbst als nicht-akademisch erkennen, andererseits kann es leicht dazu führen, daß das Leistungsniveau der gesamten Schule sinkt. Wenn die Gesamtschule wirksam sein soll, muß für jedes Kind eine große Fach- und Niveauwahl zur Verfügung stehen, um ihm zu maximaler Entwicklung in jedem Gebiet zu verhelfen. Wenn dies organisatorisch möglich ist, könnte die Gesamtschule ein guter Weg zur Chancengleichheit sein.

8 B. Ist die Gesamtschule der beste Weg zur Chancengleichheit?
Version 2

The essay has been deliberately re-written in a variation of the parallel argument construction discussed on pages 22–3. Note how organised the writer has to be to structure his or her essay in this way and, perhaps even more important, how difficult it is for the reader to evaluate without referring back from Point 1b to Point 1a,* from Point 2b to Point 2a and so on.

Neither the basic parallel argument structure nor this elaborated form allows for smooth reading and assessment.

* *1a = Point 1, + side*
  1b = Point 1, − side.

Die Gesamtschule ist eine verhältnismäßig neue Erscheinung in der Erziehungsgeschichte. Im Laufe der Zeit wurden durch verschiedene private und später staatliche Maßnahmen immer mehr Kinder vom Schulsystem erfaßt. Nachdem Unterricht für Alle erreicht war, machte sich aber bemerkbar, daß längst nicht alle Kinder im gleichen Maße von der Schule profitieren. Aus dieser Erkenntnis entsprang der Begriff der Chancengleichheit, die anstrebt, jedem Kind, ungeachtet seiner häuslichen Verhältnisse, die für seine Bedürfnisse bestmögliche Erziehung zu vermitteln. Ein Versuch, dieses Ziel zu erreichen, ist die Gesamtschule und ich will mich bemühen, kurz zu erklären, auf welchem Gedankengang sie beruht, werde aber auch einige Nachteile, die sich häufig offenbaren, erwähnen, um am Schluß durch ein Abwägen die obige Frage beantworten zu können.

1a. Vor der Schulreform wurden Kinder im elften Lebensjahr geprüft und auf Grund der Prüfungsergebnisse Ober- und Mittelschulen zugeteilt. In der Gesamtschule fällt diese Ausleseprüfung fort, sodaß Kinder jeder Begabung weiterhin nebeneinander lernen können. Der Hauptvorteil dieses Systems besteht darin, daß Schüler nicht schon in jungen Jahren auf bestimmte, oft weniger akademische Kurse beschränkt werden. Im Gegenteil, ihnen wird oft bis ans Ende der Schulzeit, die größtmöglichste Wahl geboten.

2a Die Gesamtschule soll einmal das Überwechseln zwischen praktischen und akademischen Kursen von Jahr zu Jahr erleichtern, vor allem aber auch innerhalb eines Jahrgangs eine Mischung von Kursen ermöglichen, die den Bedürfnissen des Einzelnen angepaßt sind. Aus diesem Grund ist es notwendig, daß die Gesamtschule zahlenmäßig groß ist. Bei hoher Schüler- und daher Lehrerzahl ist es möglich, mehr Spezialfächer in den Lehrplan aufzunehmen.

3a. Ebenfalls ist eine große Schule in der Lage zumindestens eine größere Anzahl von Hauptfächern in zwei oder drei Leistungsniveaus anzusetzen. Auf diese Weise ist es einem Schüler möglich, zum Beispiel Mathematik in einer A-Gruppe, Deutsch in einer B-Gruppe und Englisch in einer C-Gruppe zu lernen. Nach diesem Begabungsbild wäre er wahrscheinlich nur zur Mittelschule zugelassen worden, kann in der Gesamtschule aber in Mathematik ähnliche Fortschritte machen, wie in einer Oberschule.

4a.   Eine wohlorganisierte Gesamtschule kann auch, dank ihrer Größe, ein Fürsorgesystem ausbauen, das sich sowohl um das geistige als auch das leibliche Wohl der Schüler kümmert. Die Schülerschaft wird in übersehbare Gruppen unterteilt, sodaß jedes Kind wenigstens einem Lehrer persönlich bekannt ist.

5a.   Im Zusammenhang mit der Schulfürsorge ist ebenfalls zu erwähnen, daß die ideale Gesamtschule Jungen und Mädchen aller Begabungsniveaus und Kinder aus verschiedenen sozialen Klassen beherbergt.

Wie in den meisten Debatten, ist es auch hier möglich für die oben erwähnten Punkte Gegenargumente anzuführen.

1b.   Zwar mag eine frühe Ausleseprüfung eine Anzahl von Kindern in ihrer Entwicklung hemmen. Die Gesamtschule ist aber besonders bestrebt, Kinder aus benachteiligten Familien zu fördern. Ich frage mich aber, ob die Oberschule nicht dazu ebensogut in der Lage ist. Für die Aufnahmeprüfung ist Begabung normalerweise von größerer Bedeutung als zielbewußtes Lernen. Wenn ein Kind mit elf Jahren in die Oberschule versetzt wird, ist es ihm oft leichter, eine positive Einstellung zum Lernen zu entwickeln, als es ihm in der Gesamtschule möglich ist. Dort ist der Gruppenethos oft negativ in Bezug auf Hausarbeiten, Büchertragen und so weiter, sodaß der Schüler sich von seinen Kameraden distanzieren muß, wenn er Erfolg in der Schule haben will. Dies verlangt viel von Jugendlichen, besonders von Jungen, denen Ansehen in der Gruppe oft von größter Wichtigkeit ist.

2b.   Eine größere Fächerauswahl ist wohl wünschenswert. Andererseits gibt es sogenannte „Schlüsselfächer", zum Beispiel die Muttersprache und Mathematik, deren Beherrschung für die spätere Stellensuche wichtig ist. Das Angebot von neuen Fächern, oft praktischer Natur, ist zwar attraktiv, darf aber nicht dazu führen, daß die Schlüsselfächer vernachlässigt werden.

3b.   Leistungsniveaus werden leider nicht immer zur Wirklichkeit, denn es ist schwierig, den Stundenplan und die Lehrerverteilung so zu organisieren, daß jedes Kind in jedem Fach in der richtigen Stufe unterrichtet wird. Eine wesentlich einfachere Art die Schule zu organisieren ist, sie nach Leistungszügen zu unterteilen. Drei, vier oder gar fünf Leistungszüge werden angesetzt, in die die Schüler eingestuft werden. Ein Leistungszug, der sich über das gesamte Lehrgebiet erstreckt, kann aber einer Begabung, die sich nur in ein oder zwei Fächern bemerkbar macht, keine Rechnung tragen. Die Schule zerfällt dann, ähnlich wie in dem alten System, in mehrere Teile. Ich würde sagen, daß eine Gesamtschule, die nach diesem Prinzip geführt wird, dem Dreiersystem gegenüber keine wesentlichen Vorteile bietet.

4b. In einer Riesenschule kann es leicht dazu kommen, daß Kinder kaum einem Lehrer wirklich bekannt sind und daß sie sich auch in der Schülermenge verlassen und unbedeutend vorkommen. Zwar kann das Fürsorgesystem versuchen, die Lage zu mildern. Dadurch werden die Lehrer aber zusätzlich mit Aufgaben belastet, die sie von ihrer eigentlichen Berufung—der Unterweisung—abhalten.

5b. Die ideale Mischung von Begabungsniveaus und sozialen Schichten ist leider nicht immer möglich. In Großstädten wohnen Arbeiter und Angestellte in verschiedenen Stadtteilen. Will man eine echte Mischung erzielen, muß man Schüler nach amerikanischem Muster mit Bussen zur Schule befördern.

Die Frage ist nun die, ob die Gesamtschule der beste Weg zur Chancengleichheit ist. So wie viele Schulen organisiert sind, in starre Leistungszüge getrennt, sind die Nachteile, die die Größe verursacht, trotz der Schulfürsorge, größer als die Vorteile, die dadurch entstehen sollen, daß alle Leistungsgruppen vereint sind. Einerseits gehören die Kinder wie bisher einer Gruppe an, die sie selbst als nicht-akademisch erkennen; andererseits kann es leicht dazu führen, daß das Leistungsniveau der gesamten Schule sinkt. Wenn die Gesamtschule wirksam sein soll, muß für jedes Kind eine große Fach- und Niveauwahl zur Verfügung stehen, um ihm zu maximaler Entwicklung in jedem Gebiet zu verhelfen. Wenn dies organisatorisch möglich ist, könnte die Gesamtschule ein guter Weg zur Chancengleichheit sein. Andernfalls werden gerade die Kinder, denen die Gesamtschule helfen soll, benachteiligt; ihnen werden mehr Türen verschlossen als geöffnet.

9. Wie erklären Sie sich die Spannung zwischen den Generationen?

Die Spannung zwischen den Generationen ist heute ein oft erörtertes Thema. Im Gespräch mit älteren Menschen gewinnt man häufig den Eindruck, daß dies ein Problem unserer Zeit ist, welches früher nur in geringem Maße existierte. Es scheint mir sinnvoll, zwei Gedankengänge zu verfolgen. Einmal müßte man die Ursachen der Spannung zu erkennen versuchen, zum zweiten erklären, warum sie heute stärker in Erscheinung treten als es früher der Fall war.

Die Ursachen der Spannung könnte man vielleicht am besten in zwei Arten unterteilen: biologische und gesellschaftliche. Die biologischen Gründe, die eng mit der Pubertät verbunden sind, sind selbstverständlich keine neue Erscheinung. Der Unterschied besteht lediglich darin, daß die Pubertätszeit allmählich immer früher einsetzt. Man könnte annehmen, daß dies nur ein früheres Eintreten eventueller Probleme und Spannungen zur Folge haben würde. Leider ist das meistens nicht der Fall und die Gründe dafür sind auf einem anderen Gebiet zu suchen.

Noch vor 100 Jahren war es normal, daß auch junge Kinder zur Arbeit herangezogen wurden. Sie trugen also schon während der Pubertätszeit Verantwortung und wurden in mancher Beziehung wie Erwachsene behandelt. Dagegen verlängern wir heute die Kinderzeit indem wir den Schulabgang hinausschieben. So haben wir einen früheren Ansatz der Pubertätszeit und gleichzeitig eine längere „Kinderzeit". Es ist also leicht zu ersehen, daß dies bei vielen Jugendlichen Anpassungsschwierigkeiten hervorruft.

Der eben erwähnte Punkt ist nicht mehr rein biologischer Art, sondern teilweise gesellschaftlich bedingt. Dies bringt mich zu den sozialen Ursachen der Spannung. Es ist nicht nur das Verhältnis zwischen den Generationen welches sich geändert hat, sondern die Gesellschaft an sich hat sich gewandelt. Durch den Wohlfahrtsstaat sind die Unterschiede zwischen Arm und Reich längst nicht mehr so krass wie früher. Die Kinder armer Eltern hatten vormals wohl selten Geld und auch Kinder aus besser gestellten Häusern waren finanziell mehr von den Eltern abhängig, als die heutige Jugend. Zu dem oben erläuterten Dilemma kommt so hinzu, daß die meisten Jugendlichen heute über eine Kaufkraft verfügen, die ihnen eine nicht unbeträchtliche wirtschaftliche Macht gibt.

Wenn wir einerseits die Kinderzeit verlängern—warum geben wir den Jugendlichen früher, wenn auch beschränkte, Macht? Die wirtschaftliche Struktur eines Industriestaates ist völlig anders als die eines Agrarstaates. Fabriken bezahlen besser als Landwirte, auch beschäftigen sie mehr Frauen. Wenn die Mutter arbeitet, kommt mehr Geld ins Haus, andererseits ist weniger Zeit für die Kinder übrig. Zwar läßt Mutterliebe sich nicht für Geld kaufen, aber ein hohes Taschengeld kann zumindestens das mütterliche Gewissen beruhigen und den Kindern das Gefühl geben, gut versorgt zu sein.

Jugendliche haben somit Geld auszugeben, ohne mit Verantwortung belastet zu sein. Ein neuer Markt, der fast ausschließlich auf ihre Wünsche und Bedürfnisse eingestellt ist, entwickelt sich und in dieser Lage befinden wir uns jetzt.

Ist es also verwunderlich, daß im Heim Spannungen bestehen? Das gut eingerichtete Haus ist oft nur durch große Anstrengungen beider Eltern möglich. Das Kind ist jahrelang in der Schule „gut versorgt", die Mutter kann also einer Beschäftigung nachgehen. Gleichzeitig wird das Kind finanziell entschädigt. Jugendliche stehen dadurch in einem zweiten Dilemma: sie sind Kinder und können kaum über ihr eigenes Schicksal entscheiden, haben aber eine wirtschaftliche Macht, für die sie im Grunde nicht vorbereitet sind. Wenn die Eltern erwarten, sie weiterhin wie Kinder zu behandeln, wenn sie anderswo als Kunden umworben werden, entsteht leicht Streit.

Zusammenfassend möchte ich sagen, daß die Ursache für die größere Spannung zwischen den Generationen teilweise biologisch begründet ist, großenteils aber auf einer veränderten sozialen und gesellschaftlichen Lage beruht. Wir haben es finanziell besser als je zuvor und lassen uns durch den allgemeinen Wohlstand täuschen. Zeit für menschliche Kontakte ist knapper geworden. Wenn Zeit vorhanden ist, wird manche Schwierigkeit im Gespräch beseitigt, ehe sie große Proportionen annimmt. Wir ersetzen Zeit durch Geld. Wir haben gelernt, dieses Geld auszugeben und unsere äußeren Umstände zu verbessern. Der wachsende Zeitmangel führt aber zu Entfremdung und zu dem Verlust innerer Werte. Wir sprechen von der Generationslücke, beschuldigen die Jugend wegen ihres unmöglichen Benehmens, ohne uns über die Gründe klar zu werden. Vielleicht können Soziologen und Psychologen den verzweifelnden Eltern den Weg zurück zu ihren Kindern zeigen—viele Spannungen möchten durch menschlichen Kontakt zu überbrücken sein.

10. Muß man Angst haben vor dem Alter?

Die Tatsache, daß die obige Frage heute so in den Vordergrund gerückt ist, muß wohl als eine Zeiterscheinung betrachtet werden. Der Mensch als denkendes Wesen mußte sich schon immer mit dem Problem des Todes auseinandersetzen; es scheint aber, daß dieses Problem jetzt immer mehr in den eigentlichen Lebensbereich übergreift. Ich will versuchen kurz die geschichtliche Entwicklung und die kulturellen Unterschiede dieses Dilemmas zu betrachten, und dann einige heute akute Probleme untersuchen.

Wie eingangs erwähnt, ist das Problem des Alters und ob man Angst davor haben muß, verhältnismäßig neu. Zwei Entwicklungen möchten dafür verantwortlich sein. Zum ersten gibt es heute prozentual auf die Bevölkerung verteilt mehr alte Menschen als in früheren Zeiten. Dies beruht hauptsächlich auf medizinischen Gründen. Die Sterblichkeit bei Kleinkindern ist stark gesunken, großenteils dank verbesserter Hygiene, außerdem haben Erkenntnisse in der Ernährungskunde dazu geführt, daß die meisten Menschen wesentlich gesünder und daher länger leben. Auch ermöglichen Fortschritte in der Medizin es heute, selbst alte und kranke Menschen länger am Leben zu halten als es früher der Fall war.

Der zweite Grund aus dem man Angst vor dem Alter haben muß, ist soziologischer Art. Die Struktur der Familie hat sich in den letzten siebzig Jahren drastisch von der der traditionellen Großfamilie auf die der „Kernfamilie" geändert. Bis zur Jahrhundertwende war es wohl eher die Regel als die Ausnahme, daß mehrere Generationen in einem Haushalt vereint waren. Besonders in Städten ist das heute wesentlich seltener der Fall. Häuser und Wohnungen sind einfach nicht geräumig genug, um Großeltern mit zu beherbergen. Auf dem Lande mag dies teilweise noch anders sein. Einmal möchte Platz vorhanden sein, zum anderen der gute Wille auf Seiten der Kinder, besonders wenn die ruheständigen Eltern noch von tatkräftigem Nutzen sein können. In der Stadt würde ihre Nützlichkeit sich in den meisten Fällen wohl auf das Behüten von Enkelkinder beschränken, um der Mutter (Mittelgeneration) das Arbeiten zu ermöglichen.

Der Unterschied zwischen Stadt und Land, gestern und heute, läßt sich auch weltweit beobachten. In den unterentwickelten Ländern haben sich die Gesellschaftsformen meist noch nicht so verändert, wie es im Westen der Fall ist, und die alten Menschen sind dort weiterhin ein Teil der Familie als Wirtschaftszelle, sie tragen bei und werden nicht als Last betrachtet.

Welche Probleme hat der alternde Mensch im heutigen Westen? Die erste Hürde nach der Pensionierung ist finanzieller Art. Die Lebenshaltung muß der Höhe der Pension angepaßt werden. Die am stärksten Betroffenen sind diejenigen, die lediglich auf die staatliche Pension angewiesen sind. Für finanziell glücklicher Gestellte kann der Ruhestand oft Annehmlichkeiten und Möglichkeiten bringen, von denen sie seit Jahren streßvoller Tätigkeit geträumt haben.

Nach der finanziellen Umstellung kommt die plötzliche „Arbeitslosigkeit". Dies trifft mehr auf Männer als auf Frauen zu, da letztere zumindestens weiterhin mit Hausarbeit belastet sind. Manche Männer haben aus Interesse oder als Vorbereitung auf die Pensionierung Hobbies angefangen, für die sie jetzt mehr Zeit aufbringen können. Für diese sollte die Umstellung nicht allzu schwierig sein. Andere hingegen—und dies trifft ebenso auf Arbeiter wie auf leitende Angestellte zu—sitzen plötzlich taten- und ideenlos da und verfallen in Melancholie.

Dieser Zustand wird oft durch Einsamkeit erschwert. Durch die zunehmende Mobilität der Arbeitnehmer mögen die Kinder weit entfernt wohnen und selbst wenn sie noch in der gleichen Stadt leben, ist das Zusammenwohnen aus oben erwähnten räumlichen Gründen meist unmöglich. Selbst wenn Eltern und Kinder sich entschlossen haben, zusammen zu leben, ist dies oft ein zweischneidiges Schwert. Im idealen Fall, ist das Verhältnis zwischen beiden Teilen gut. Die Eltern können sich nützlich machen ohne dabei überanstrengt zu werden und haben die Freude, ihre Enkel aufwachsen zu sehen. Diese ideale Situation, vor der niemand Angst zu haben braucht, tritt leider oft nicht ein. Die Einstellung der jüngeren Generation ist heute nicht mehr die gleiche wie früher. Kinder fühlen sich durch die Eltern beengt und behindert. Dies führt zu Krisen oder aber zum Beispiel zur Arbeitnahme der jüngeren Frau. Wohl macht sie Platz für die ältere, aber diese wird dann oft überfordert und die Freude an den Enkeln kann leicht zur Tortur für die Großmutter werden.

Wenn nicht zu den Kindern—wo dann hin? Ins Heim natürlich! Auch hier gibt es den idealen Fall derer, die noch rüstig sind, sich aber schon frühzeitig mit einer Heimsituation vertraut machen, wo sie noch viel Freiheit haben und sich großenteils selbst versorgen können. Dies ist aber nur für Gesunde und oft auch nur für Wohlbemittelte möglich. Wenn diese beiden Voraussetzungen nicht gegeben sind, gibt es das staatliche Heim. Massenabfertigung und enges Beisammensein mit anderen, die geistig nicht mehr ganz beieinander sind, mag für viele zum Albtraum werden. Für Frauen, die gewohnt sind, im eigenen Heim zu schalten und walten, mag diese Umstellung oft schlimmer sein als für Männer. Das Heim ist wohl am schwersten zu ertragen für Menschen, die auf Selbständigkeit großen Wert legen und geistig oder körperlich noch nicht völlig auf Hilfe angewiesen sind, sich aber trotzdem der Heimroutine unterwerfen müssen.

Wie oben gesagt, hat die Medizin große Fortschritte gemacht. So finden wir Menschen in Heimen und Krankenhäusern, die sich und das Leben satt haben, mehr oder weniger dahin vegetieren, aber noch eben am Leben erhalten werden. Das Leben dauert fort, ist aber zur Bürde geworden.

Wie kann man die Frage nun zusammenfassend beantworten? Wie aus der Behandlung der einzelnen Punkte zu ersehen ist, gibt es auch heute Menschen, die einen schönen und zufriedenen Lebensabend genießen können. Auf Grund der sozialen Umstellung aber möchte ich annehmen, daß diese Gruppe allmählich kleiner wird. Der alte Mensch kann heute nur noch selten sein Leben im Schoß der Großfamilie beschließen. Er muß also Umstellungen in Kauf nehmen, wenn er Muße und Verständnis braucht; muß sich mit Massenabfertigung abfinden, wenn er nach einem Leben im Großbetrieb die Ruhe ersehnt. Menschen die an sich selbst genug haben, mögen damit eher fertig werden als die breite Masse, dies trifft aber leider wohl nur auf eine Minderheit zu. Die Medizin erspart besonders Alternden viele Schmerzen, trotzdem würde ich nicht sagen, daß diese Fortschritte ohne Nachteile sind. Die Verlängerung des Lebens weit über die körperliche Tüchtigkeit hinaus, mag für viele eine geistige

Belastung bedeuten, mit der sie nur schwer fertig werden. In vielen Beziehungen haben alte Menschen es heute besser als früher, zum Beispiel durch die Versorgung im Heim und den Erlaß schwerer Arbeit im Alter, aber Einsamkeit und Leiden werden heute oft über das erträgliche Maß hinaus verlängert. Zwar erkennt die Gesellschaft diesen Notzustand, aber keine weißgekleidete Schwester oder frische Sozialbeamtin kann je die Atmosphäre im Kreis der Familie ersetzen.

Introduction: Frage eine Zeiterscheinung.
   Früher: Leben – Tod, heute: Arbeitszeit, Alter, Sichtum, Tod.

Body: 1. Warum ein Problem?
   a. Mehr alte Menschen
   b. Soziologie: keine Großfamilien.
      Platzmangel, veränderter Lebenstil
      Stadt/Land, heute/gestern, Asien/Europa.
   2. Welche Probleme?
   a. Weniger Geld
   b. Keine Beschäftigung
   c. Einsamkeit
   3. Wohin im Alter?
   a. Zu den Kindern wenn möglich, pos. and neg.
   b. Ins Privatheim, gut aber teuer
   c. Staatliches Heim, Krankenhaus, – Massenabfertigung.

Conclusion: Einige Glückliche, kein Problem.
   Für viele: Einsamkeit oder Massenbetrieb.
   Verlängerung der Leiden.

SECTION B

For each of the following topics you are given only the first and the last paragraphs of your essay. Using them as your basis, write a main body for your composition to conform with the ideas and material already given.

Alternatively, if you find the discussion points listed do not contain important points that you would like to write about, then adapt the introductory and concluding paragraphs accordingly.

1. Welchen Teil Deutschlands möchten Sie am liebsten besuchen? Warum?

Freie Wahl für ein Ferienziel ist verlockend, aber man kann nur wirklich aussuchen, wenn man die Möglichkeiten kennt. Für diesen Aufsatz will ich voraussetzen, daß der bevorstehende Besuch meine erste

Bekanntschaft mit Deutschland ist. Notwendigerweise werde ich daher durch das hier verfügbare Informationsmaterial beeinflußt.

* * * *

Um dem Titel gerecht zu werden, habe ich ein Gebiet Deutschlands ausgesucht und erklärt, aus welchen Gründen ich diese Gegend gern besuchen möchte. Wenn hingegen keinerlei Beschränkungen bestanden hätten, würde ich als ersten Besuch eher eine Rundreise gewählt haben. Am liebsten hätte ich diese per Fahrrad unternommen, da man auf diese Weise Land und Leuten leichter näher kommt. Bei späterer Gelegenheit könnte man dann die Bekanntschaft mit einzelnen Orten vertiefen.

2. Olympische Spiele: Was kann der Sport zur Völkerverständigung beitragen?

Positive Arguments	*Negative Arguments*
Treffpunkt vieler Nationen	Sportler oft isoliert gehalten
Zuschauer (am Ort und TV) vereint	Erzeugt oft mehr ein nationales als internationales Zusammengehörigkeitsgefühl
Zusammenarbeit–Wohlwollen	Unstimmigkeiten zwischen Ländern und Organisatoren
Aufmerksamkeit wird auf andere Länder gerichtet (Qualitäten und Charakterzüge von einzelnen Sportlern)	Ausnutzung der Atmosphäre um politische Ziele zu erreichen.

Alle vier Jahre wenn die Vorbereitungen für die Olympischen Spiele ihren Höhepunkt erreichen, erhebt sich die gleiche Frage: ist die Olympiade ein sportlicher Wettbewerb, ein Weg zur Völkerverständigung und rechtfertigen die Ergebnisse den Riesenaufwand? Anhänger und Kritiker führen viele Gründe zur Unterstützung ihrer Argumente an, von denen ich einige einander gegenüberstellen will, um zu einer Antwort zu gelangen.

* * * *

Es scheint mir, als ob die meisten Argumente beider Seiten ähnlich viel Gewicht tragen. Zweifellos versuchen etliche Länder aus dem Ruhm, der ihren Sportlern zuteil wird, politischen Nutzen zu ziehen. Einmal wird dies von vielen Zuschauern erkannt und oft negativ bewertet, andererseits verhindert es nicht, daß auch diese Länder durch ihre individuellen Vertreter in ein anderes Licht gesetzt werden, als die üblichen Vertreter, die Politiker, es tun. Immer wieder treten Finanz und Ideale einander gegenüber, meßbare und unschätzbare Werte. Die Welt neigt heute dazu, die Bilanz über alles zu stellen. Kosteneffektiv ist die Olympiade sicher

48

nicht, vielleicht auch übertrieben aufwendig aufgezogen und doch . . . Es ist die einzige Veranstaltung, die weltweit intensiv verfolgt wird, durch die eine große Anzahl von Menschen verschiedenster Rassen und Berufe in Kontakt kommt und auch heute noch ist sie überwiegend unpolitisch. Selbst wenn man alle nachteiligen Argumente berücksichtigt, würde ich sagen, daß der internationale Sport, besonders aber die Olympiade, zur Völkerverständigung beiträgt.

3. Durch Planen neuer Autobahnen werden schöne Landschaften und friedliche Dörfer bedroht. Besprechen Sie das Für und Wider.

Keine Isolation   Bedrohung
Lebensstil der Einwohner   Verlust früherer Werte
Erschließung von Urlaubsgebieten   Verschandelung von
                                        Urlaubsgebieten.

Der Titel enthält positive Werte—schöne Landschaften und friedliche Dörfer, und legt die Bedrohung dieser Werte als negativ aus. Man könnte das Problem aber auch in ein anderes Licht setzen, indem man die Aussage folgendermaßen verändert:-Durch Planen neuer Autobahnen, werden isolierte Gebiete und vergessene Dörfer erschlossen. Ich werde einige Umstände von diesen beiden grundverschiedenen Stellungen aus betrachten und sie gegeneinander abwägen.

* * * *

Jedem der drei angeführten Vergleiche liegt der technische Fortschritt und unsere veränderte Lebenshaltung zugrunde. Schöne, friedliche Dörfer sind heute mehr denn je ein ersehntes Ziel von Stadtbewohnern geworden.

Regelmäßiger Urlaub erlaubt es ihnen, Luft und Umgebung zur Erholung zu verändern und die Autobahnen ermöglichen es, daß sie den Städten verhältnismäßig rasch entfliehen können. Leider verlieren die Landschaften oft an Schönheit, wenn Park- und Zeltplätze entstehen, und der Friede entlegener Dörfer wird durch die Touristen zerstört.

Wie wir gesehen haben, dienen die Autobahnen sowohl den Dorfbewohnern als auch den Touristen. Indem Planer die Eigenheiten von Land und Stadt im Auge behalten und darauf bedacht sind, die wünschenswerten Besonderheiten zu erhalten, sollte es möglich sein, die Vorteile die Nachteile überwiegen zu lassen.

4. „Befreiung von der Furcht" ist ein berühmtes Schlagwort. Kann aber eine Gemeinschaft völlig ohne Furcht leben?

Allein: Hunger, Durst, Alter, Wetter, Katastrophen

Gemeinschaft: Arbeitslosigkeit, Alter, Terror, Gewalt, Krieg.

Dieser Aufsatz sollte versuchen, die Beziehung zwischen Gemeinschaft und Furcht zu klären: inwiefern entstehen furchterregende Situationen durch das Zusammenleben von größeren Gruppen? Um dieser Aufgabe gerecht zu werden, will ich zunächst verschiedene Arten von Furcht betrachten von denen Menschen in primitiven und fortgeschrittenen Gemeinschaften ergriffen werden. Das zitierte Schlagwort vermittelt den Eindruck, daß die Gesellschaft bestrebt sein sollte, die Menschen von Furcht zu befreien. Unterschiede zwischen primitiven und fortge- schrittenen Gemeinschaften könnten zeigen, wie weit dies Bestreben zur Wirklichkeit geworden ist. Zusätzlich müßte man sich aber auch fragen, ob die Befreiung von Furcht möglich oder auch nur wünschenswert ist.

* * * *

Aus der obigen Vergleichstellung ist zu ersehen, daß es dem Menschen fast unmöglich ist, der Furcht zu entgehen. Selbst die Umstände, die Furcht erregen, sind oft ähnlich, denn Hunger zum Beispiel, ist gleich, ob er durch eine schlechte Ernte oder durch Arbeitslosigkeit hervorgerufen ist. Die Furcht vor dem Alter gab es früher und dauert fort, nur hat sich in vielen Fällen das Gewicht von materiellen auf seelische Zustände verlegt. Dies ist ein typisches Beispiel für die anhaltende Entwicklung. Das Zusammenleben in einer Gemeinschaft ermöglicht Fortschritte, die manche früher furchterregenden Ursachen beseitigen. Die Größe der Gemeinschaft schafft aber andererseits neue Situationen, die Furcht einflößen. Es scheint also nicht möglich zu sein, Furcht zu beseitigen. Die Arten der Furcht ändern sich im Lauf der Zeit und die Gesellschaft kann nur versuchen, ein Verschlechtern der Situation zu verhindern, indem sie sich der Gefahren bewußt bleibt.

5. „Die Emanzipation der Frauen ist zu weit gegangen." Sind Sie derselben Meinung?

Positive		*Negative*
	Political	Women contribute to the economy, should have right to vote
		Present feminine point of view
Men at home while women work	*Social*	Satisfaction for women, not restricted to childbearing
Men out of work	*Economic*	Helps family income

Historisch gesehen ist die Emanzipation der Frauen eine neue Erscheinung, aber die Veränderungen, die sich in der Stellung der Frau in Familie und Gesellschaft seit Auftreten der ersten Frauen- rechtlerinnen vollzogen haben, sind weittragend. Handelt es sich hier um ein Pendel, das zur Zeit noch zu weit ausgeschlagen hat, ehe es in eine mittlere Lage zurückkehrt, oder ist es ein linearer Fortschritt, der zwar schon bemerkenswert aber noch weiter entwicklungsfähig ist?

* * * *

Die oben angeführten Punkte zusammenfassend, würde ich sagen, daß die auf die Wirtschaft bezogenen positiven und negativen Argumente sich die Waage halten, wenn nicht besondere nationale Verhältnisse das Gleichgewicht in die eine oder andere Richtung verschieben. In sozialer Hinsicht ist die Lage etwas anders. Es scheint mir, daß viele Frauen die größere Freiheit, über ihr eigenes Schicksal zu entscheiden, schätzen, ohne daß sich diese Freiheit nachteilig für die Männer auswirkt. Auf politischer Ebene ist es sogar schwierig, Gründe anzuführen, die die Aussage des Titels unterstützen. Auf Grund dieser Auslegung bin ich also nicht der Meinung, daß die Emanzipation der Frauen zu weit gegangen ist.

6. „Wer gegen die Todesstrafe ist, steht auf Seiten des Verbrechers." Besprechen Sie das Für und Wider.

Für die Todesstrafe

Wirksames Abschreckungsmittel
Strafe paßt zum Verbrechen
Vernichtung der Terroristen

Gegen die Todesstrafe

Angst vor Fehlurteilen
Vergebung und Besserung

Wir sehen das Verbrechen als einen Angriff eines Einzelnen auf die Gesellschaft oder eines ihrer Mitglieder an. Es beschneidet die Freiheit des Einzelnen aber in der Bestrafung kehren wir die Lage um. Humanitäre Betrachtungen müssen sich sowohl mit der Lage des Verurteilten als auch mit dem Schutz der Gesellschaft befassen. Moralische Erwägungen sollten vom Blickpunkt des Einzelnen aber auch dem des Staates gezogen werden. Ich will versuchen, das Dilemma auf diese Weise zu erörtern.

* * * *

Die Todesstrafe ist das einzige Mittel, das die Gesellschaft besitzt, um sich ihrer Verbrecher endgültig zu entledigen. Als Schutzmaßnahme für die Bürger ist sie daher nicht zu unterschätzen. Andererseits darf man nicht vergessen, daß unsere Begriffe von Gut und Böse, Strafe und Vergebung mit der christlichen Lehre verknüpft sind. Solange diese uns als Basis dient, sollten wir uns an die Lehre der Vergebung halten und nicht auf das Alte Testament—Auge um Auge, Zahn um Zahn—zurückgehen. Die Frage um die Todesstrafe ist also letzthin eine Frage um die Fundamente der moralischen Einstellung unserer Gesellschaft.

SECTION C

In this section you will find a variety of essay themes similar to those set at Advanced and Degree Level examinations. For each title you are given an assignment to write a specific paragraph. Try to become accustomed to using material from Appendices A and B to help you.

For each of the assignments below, refer to Appendices A and B and to the model essays, using as much of the material in them as you wish. Try not to fall into the trap of expecting to use a new expression exactly as it stands. If you like the look of an item and feel that it might be useful, try to adapt it to your theme. If you feel the early titles to be too straightforward, start at the point you deem appropriate.

A. For each of the following titles write a paragraph of eight lines:

1. **Was ich zu Hause treibe:**   Introductory paragraph.

2. **Warum ich Sport treibe:**   Introductory paragraph.

3. **Wozu Schule?**   Concluding paragraph.

4. **Die englische Wirt-**   Concluding paragraph.
   schaftskrise:

5. **Die Rolle der Gewerk-**   Introductory paragraph.
   schaften in der
   Bundesrepublik:

6. **Wintersport in Deutsch-**
   land: Introductory paragraph.

7. **Aufenthalt in Deutsch-**
   land: Concluding paragraph.

8. **Das Fernsehen in Deut-**
   schland: Concluding paragraph.

9. **Unser(e) Assistent(in):**   Introductory paragraph.

10. **Deutschland, Land der**
    Musik: Introductory paragraph.

11. **Sollte man die Ehe**   Concluding paragraph.
    abschaffen?

12. **Frauen sind untertänig!**   Concluding paragraph.

B. For each of the following titles, write a paragraph of twelve lines:

13. **Brauchen wir noch**   Main-body paragraph, in favour.
    Raumforschuung?

14. **Brauchen wir noch Raumforschung?**   Main-body paragraph against.

15. **Sollte Rauchen in der Öffentlichkeit verboten werden?**   Main-body paragraph, for.

16. **Sollte Rauchen in der Öffentlichkeit verboten werden?**   Main-body paragraph, against.

17. **Wozu fremde Sprachen?— Ich kann doch English!**   Main-body paragraph, for.

18. **Wozu fremde Sprachen?— Ich kann doch Englisch!**   Main-body paragraph, against.

19. **Hat England jetzt eine feste Währung?**   Main-body paragraph, for.

20. **Hat England jetzt eine feste Währung?**   Main-body paragraph, against.

Chapter 5

Language Errors

This manual concentrates on helping you towards developing your essay style. Unfortunately, all the effort you put into raising the level of your work from the point of view of ideas and their expression may be wasted, if you are not careful to check the grammatical accuracy of what you are writing.

It is a frequent source of disappointment to teachers and examiners to find most promising students failing to do justice to themselves through careless language slips. Fortunately, those who are prone to make such errors—and, at some time or other, that will mean most students of German – can do much to reduce the number of mistakes in their written German. Before, however, considering ways of achieving this reduction, it must be pointed out that language errors in German essay writing are not simply a question of carelessness. Many linguists, when reading through what they have written, find it genuinely difficult to recognise and identify their own mistakes.

But, whether mistakes arise from lack of attention or of awareness, it is not difficult for you to organise yourself into a technique which allows you to produce essays that are more correct, grammatically.

Time
Firstly, you should ensure that you leave yourself enough time after writing the essay for you to go through thoroughly, looking for mistakes. If you are already in the habit of doing this, you will feel this advice to be unnecessary. Yet, it is surprising how many writers consider they have finished their task once they have penned the last full-stop. Similarly, there will be many people for whom checking an essay means a cursory minute's glance through the pages they have produced. One cannot hope to spot a high percentage of one's errors in so little time. As a general rule of thumb, allow yourself a minimum of fifteen minutes for the typical 'A'-Level, Certificate or Degree assignment essay.

Alternate lines
Before any check is made, there is one initial procedure that will help you

cut the number of unforced errors you produce. Unless you are very short of paper, write your essay on alternate lines. This strategy is very soundly based. Because there is more space between the lines, the eye finds it considerably easier to differentiate individual words, not only during a check, but at the time of writing, so that there are frequently fewer mistakes for you to find, than in a composition where the content is cramped. When you are writing for an examination, the use of alternate lines will offer the additional advantage of making it easier for the examiner to see what has been written and of allowing you to correct errors tidily.

Check-list

Merely to suggest that you allow yourself enough time to check thoroughly what you have written seems rather pious, since, although the advice is well-meaning and undoubtedly useful, it leaves too much to you, the writer. Consequently, the check-list below, showing what to look for, should be of great practical benefit, assuming you work through your essay, checking each of the categories listed, individually.

This last suggestion is perhaps the most important, since the average essay writer succumbs to the natural temptation of carrying out a single, general check. An overall look at what one has written, although a worthwhile final procedure, will not prove particularly effective on its own, since by definition it does nothing to train the writer into looking for specific categories of mistake. By checking through your essay for individual types of error one by one, you will actually see more of what you have written.

1. **The Verb:** a. Singular or Plural subject?
   b. Tense?
   c. Ending?
   d. Strong verb?
   e. Subjunctive?

2. **General Endings:** a. Conditioned by case?
   b. Adjectival?
   c. Noun change?

3. **Noun Capitals**/*Umlaut*

4. **Word Order**

5. **Daß/Das**

6. **Dative Object (disguised):** e.g. *danken, glauben, helfen*

7. **Relative Pronouns**

8. **Genitive 's'**

9. **Passive Voice**

10. **Apposition**

11. **Auxiliary:** *Sein/haben*

12. **Mann/man**

13. **Als/wie**

14. **Als/wenn/wann**

ASSIGNMENTS

The following exercises are designed to help you to recognise the basic types of language error and to progress towards accurate correction.

Correct the mistakes in the paragraphs below (a key is provided on pages 82–84). In Exercises 1–15 the mistakes are underlined.

1. Deutschland ist ein schöne Land und es macht mich immer Freude wider nach ihm zu fahren. Wenn ich auch an diesem Land denke, es fällt mir ein, wie ahnlich sind wir Engländer und Deutschen. Freude und friede habe ich in Deutschland gefandt.

2. Lesen heisst Lernen und fur mich muß daß immer gunstig sein. Es hat mich die Gelegenheit angebotet nach andere Länder zu fahren und die Leute zu kennenlernen ohne meinen Zimmer zu verlassen. Jetzt siehe ich die Welt ganz anders an als vor.

3. Der heutiger Mensch ist der Ansicht, dass er zwar gelernt hat, __ Natur zu beherrschen, aber meine Meinung nach dies ist nicht die wirklichkeit, weil die Menschheit spielt nur eine kleine Rolle auf diesem Erde und muß lernen, sich selbst zu beherrschen. Der Mensch ist nur eine winziger Teil eines grosseren Plan.

4. Andere aber wohnen in sehr unpersönliche Betonstockwerken– die keine Garten haben, nur einen Balkon. Ich bin der Ansicht, daß dies ist gefahrlich, besonders wenn es Kinder in der Familie geben, weil sie brauchen Raum zu spielen und zu lernen.

5. Ich gehe gern im Kino, weil es is sehr unterhaltend. Das alltagsleben ist so langweilig, dass es scheint mich sehr bedeutend Filmen zu sehen. Fernsehen ist auch unterhaltend, aber es gibt keine Atmosphäre nach Hause und viel streit zwischen den Leute – die sehen fern.

6. Wann ich zum erstenmal nach Deutschland fuhrte, ich fand Alles so anders.

Das Wetter war viel warmer, die Deutsche — so freundlich und das Essen schmackte mich so gut. Und der Wein! Zuerst hatte ich es nicht so gern, aber endlich trunk ich lieber Wein als Kaffee!

7. Warum lernen wir fremden Sprachen? Wir mußen nicht vergessen, daß wir sind nicht nur ein Insel, aber auch ein Teil Europa. Wir lernen Deutsch, — unsere Nachbar kennenzulernen und weil wir diesen Land besuchen wollen. Jedesmal wann ich eine Reise nach Ausland mache, ich verstehe besser unseren Partner in dem EWG.

8. Im Rußland schickt der Stadt die guten Sportler in besondere Trainingslager wo das Training von dem Staat bezahlt ist. Dafur siegen die Sportler für die Ehre des Kommunismußes und zweifelos gewinnen die Athleten internationale Preise.

9. Der Begriff von ,,Fairplay" muss jetzt erklärt sein. Es ist ein Wort was sicherlich hat in England seinen Ursprung, sinnverwandt mit solchen Spiele als Fußball, Tennis, Cricket unter anderen. Das heißt, das mann ein Spiel ehrlich spielt und daß man verliert, wenn es ist notig und bleibt bei guten Laune.

10. Es hängt daher ab von dem Temperament, ob ein Person viel Fairplay besizt oder nicht. Die Untersylvaner zum beispiel, ob sie Fussball, ihr Lieblingssport, ernstlich oder dilettantisch betreiben, spielen oftmals sehr böse und aggressivlich. In diesem fall kann Man kaum von Fairplay sprechen.

11. Die Schule bereitet die Kinder auf das Leben mit anderen Leute vor und bietet Gelegenheiten für Sozialentwicklung. Die Kinder spielen und arbeiten zusammen und mit etwa dreißig Kinder in die Klasse mussen sie geduld haben. Auch sie müssen lernen, zusammen arbeiten, während es nach Hause gibt nur die Familie, die die Kinder treffen.

12. Am Anfang dieses Jahrhundert haben die Frauen unruhig über ihrer Stellung in der gesellschaft geworden. Eine Sache von aüßerst ^{x2} Wichtigkeit für diese Frauen war Wahlrecht. Sie fordern Gleichberechtigung mit den Manner, als eine Regierung gewählt sein sollte. Die Frauen müssten ^{x2} dieses Wahlrecht erkämpfen. Sie brachen ein bestimmtes schwerwiegende Argument zu, nämlich das sie ihren Wert im Krieg gezeigt hatten.

13. Musik ist für mich ein Heil. Nach zehn Stunden Arbeit hilft sie mich, mich entzuspannen. Ich spiele Klavier und ohne mein Klavier hätte ich verrückt geworden. Spass beiseite, sollten Sie mich glauben, als ich das sage. Meine Musik ist meine Sicherheitsventil.

14. Die Struktur der Familie hat sich in der lezten siebzig Jahre drastisch von dem der traditionellen Großfamilie auf die der "Kernfamilie" geandert. Bis zur Jahrhundertwende war es wohl die Regel ehe als die Ausnahme, daß mehrere Generationen in einen Haushalt vereint waren. Besonders in Stadten ist daß heute wesentlich seltener der Fall.

15. Man findet in Deutschland drei Schularten; die allgemeinbildende Schulen, die Faschschulen und die Universitäten. Unter den allgemeinbildenden Schule befinden die Volkschule, die Mittelschule und die Oberschule. Im Gebiet der Fachschulen haben wir Fachschule für Ingenieurausbildung, Architektenausbildung und Ähnliches.

In Exercises 16–24 the errors are not underlined. Be careful not to visualise any of the material as correct before checking it.

16. Es war meine Pflicht ein Gebiet Deutschland auszusuchen und zu erklaren aus welchen Gründe ich eine Aufenthalt in dieser Gegend machen möchte. Wenn ich aber keineswegs eingeschrankt gewesen war, hatte ich lieber als erster Besuch ehe eine Rundreise ausgewählt und am liebsten eine Rundreise per Fahrrad.

17. Dieser Aufsatz sollte versuchen, die Beziehung zwischen dem Individuum und der Gesellschaft zu erklaren. Um einen Beginn zu machen musste die Frage gestellt worden: inwiefern entsteht Kooperation und Zusammenarbeit durch Eigenutz und sein Gegenteil der Altruismus?

18. Die oben angeführte Punkte zusammenfassen, würde ich sagen, das die auf die Wirtschaft bezogenen positiven und negativen Argumenten sich die Waage halten, wenn nicht besondere nationale Verhaltniße das Gleichgewicht in die eine oder andere Richtung verschieben. In sozialer Hinsicht ist die Lager etwas anders.

19. Man darf anderseits nicht vergessen, daß unsere Begriffe von gut und böse, Strafe und Vergebung mit der cristlichen Lehre verknupft werden. Solange diese uns als Basis dient, sollten wir uns an der Lehre der Vergebung halten und nicht auf das Alte Testament—Auge um Auge, Zahn um Zahn— zurückgehen.

20. Wie kann mann diese Stellung nun zusammenfaßend bejahen? Wie aus die Behandlung der einzelnen Pünkte zu ersehen ist, gibt es auch Kranken, die ein schönes und zufriedenes Leben genießen können. Auf Grund der sozialen Umstellung aber ware es besser annehmen, daß dieser Gruppe allmahlich kleiner wird.

21. Auf die Frage auf welchem Gebiet eine Besserung als besonders vor dringlich angesehn ist, nannte 1975 und 1977 jeweils knapp zwei Drittel der Befragte Führungskräfte die wirtschaftlichen Verhaltnisse in der Bundesrepublik.

22. Diejenigen Berufe die die Deutschen am meisten schatzen, sind nicht ihre Traumberufe. Das hat das Meinungsforschunginstitut Allensbach bei einer Umfrage feststellt. Bei der Frage nach den am meisten Geschätzten, am höchsten geachteten Berufen antworteten 84 prozent der befragten Deutsche: „Artzt". Danach folgte der Pfarrer und der Professor.

23. Der europäische Statistiker der die Zahlen mit eigenen Erfahrungen vergleichte, fand sich geneigt, sie weitgehend zu glauben, aber naturlich war diese

Ergebniße anfechtbar. Eine Differenz von 1 bis 5 Punkten musste als moglicherweise irrelevant gelten, auf Zufälligkeiten beruhend oder auf Irrtümer.

24. Nicht ohne Grund ist die Tarifautonomie in der Bundesrepublik verfaßungsrechtlich guarantiert. Das Recht der Arbeitnehmer und Arbeitgeber Vereinigungen zu bilden, um in eigener Verantwortung Löhne aushandeln, zählt nach übereinstimmender Auffassung zu den konstitutiven Elemente einer freiheitlichen Staats Wirtschaft und Gesellschaftsordung.

Appendix A

WÖRTERVERZEICHNIS

The vocabulary in this section is especially relevant to language essay-writing. If you master it, it will help you to improve the standard of your written work.

Abfertigung (f.), *dispatch; service*
s. abfinden mit, *to come to terms with*
Abgang (m.), *departure, exit; leaving school*
abwägen, *consider*
ähnlich, *similar*
Albtraum (m.), *nightmare*
allerdings, *nevertheless*
allmählich, *gradually*
alternd, *ageing*
andererseits, *on the other hand*
s. ändern, *change*
angehören, *belong to*
Angehörige, *relatives*
Angestellte (r), *employee*
angewiesen (auf), *be dependent on*
Angriff (m.), *attack*
anhaltend, *continuous, sustained, persevering*
annehmen, *imagine, presume*
Annehmlichkeit (f.), *amenity, comfort*
anpassen, *suit, fit, adapt*
ansehen, *look at, regard*
ansetzen, *put up, put on*
anstreben, *strive for*
anstrengend, *strenuous*
Anstrengung (f.), *effort*
Arbeitnehmer (m.), *employee*
Arbeitslosigkeit (f.), *unemployment*
aufbringen, *provide;* (Geld) *raise*

Aufmerksamkeit (f.), *attention*
aufnehmen, *accept, put in, take up*
aufpassen, *watch, guard, mind (child), pay attention*
Aufsatz (m.), *essay*
aufwendig, *expensive, costly*
aufziehen, *bring up*
ausbauen, *extend*
s. auseinandersetzen mit, *have an argument with*
ausgeben, *spend*
Auslegung (f.), *explanation, exposition*
Auslese (f.), *selection*
Ausnahme (f.), *exception*
Ausnutzung (f.), *exploitation*
ausrotten, *eradicate*
Aussage (f.), *statement*
ausschlagen, *turn out; kick out; refuse*
ausschließlich, *exclusive(ly)*
Auswahl (f.), *choice, selection*
s. auswirken, *take effect*

bedauern, *regret*
Bedrohung (f.), *threat*
Bedürfnis (n.), *need, want, requirement*
beengt, *narrow, tight, cramped*
beeinflussen, *influence*
s. befinden, *(health) be, feel, be somewhere*
befreien, *free, liberate*
Begabung (f.), *aptitude, talent, endowment*

Begriff (m.), *idea, notion*
behandeln, *treat*
Behandlung, *treatment*
beherbergen, *accommodate, shelter*
behindert, *disabled*
Beisammensein (n.), *being together, gathering*
beitragen, *contribute*
bekannt, *known*
belasten, *load, burden*
Belastung (f.), *load, burden*
bemerkbar, *noticeable*
s. bemerkbar machen, *make o.s. conspicuous*
bemerkenswert, *remarkable*
s. bemühen, *make an effort, trouble o.s.*
Benachteiligung (f.), *disadvantage, prejudice*
Benehmen (n.), *behaviour*
beobachten, *observe*
berücksichtigen, *to take into consideration*
beruhen (auf), *to rest on, be based on*
besagen, *mean, signify*
Beschäftigung (f.), *occupation*
beschließen, *close, conclude, determine*
beschneiden, *curtail, clip, cut*
beschränken, *confine, limit, restrict*
beseitigen, *remove*
besprechen, *discuss*
bestmöglich, *best possible*
Bestrafung (f.), *punishment*
bestrebt sein, *endeavour*
betrachten, *regard, contemplate*
Betrachtung (f.), *reflection, contemplation, view*
Betrieb (m.), *operation, concern, business*
betroffen, *concerned*
Bevölkerung (f.), *population*
bevorstehend, *imminent*
bewerten, *value*
beziehen auf, *refer to*
Beziehung (f.), *relation, reference*
Blickpunkt (m.), *focus, (in) full view*
Bürde (f.), *burden, load*
Bürger (m.), *citizen*
bürgerlich, *civil, middle-class*
Charakterzug (m.), *character trait*
dadurch, *by this means, through that*

dagegen, *on the other hand*
diesbezüglich, *in this respect*
drastisch, *drastic (ally)*
Dreiersystem (n.), *tripartite system*
Durchschnitt (m.), *average*

Ebene (f.), *plain, level*
ebenso, *just so, just as*
echt, *genuine*
ehemals, *formerly*
eigentlich, *proper, actual, true, real*
Eindruck (m.), *impression*
einflößen, *infuse, fill with*
eingangs, *in the beginning*
einrichten, *furnish, arrange*
Einsamkeit (f.), *loneliness*
einsetzen, *set in, put in; stake (money), install*
Einstellung (f.), *attitude*
einstufen, *classify, grade*
elterlich, *parental*
endgültig, *final(ly)*
entgehen, *evade, avoid*
s. entledigen, *rid o.s. of*
entlegen, *remote*
entschädigen, *compensate*
s. entschließen, *decide, determine*
entspringen, *originate, see* entstehen
entstehen, *originate, arise, come into being*
s. entwickeln, *develop*
Entwicklung (f.), *development*
erfassen, *seize, catch; register, record*
Erfolg, (m.), *success*
s. ergeben, *surrender*
Ergebnis (n.), *result*
Erkenntnis (f.), *realisation*
erklären, *explain, declare*
Erlaß (m.), *decree*
ermöglichen, *make possible, enable*
Ernte (f.), *harvest*
erörtern, *discuss*
erregen, *excite*
Erscheinung (f.), *publication, appearance*
erschließen, *open, open up*
erschweren, *render more difficult*
ersehen aus, *gather, learn from*
ersehnen, *long for*
ersetzen, *replace*

ersparen, *save (money, pain, annoyance)*
s. erstrecken, *extend*
erträglich, *bearable*
Erwägung (f.), *consideration*
erwähnen, *mention*
erzeugen, *produce, create*
Erziehung (f.), *education*
etliche, *several*

fähig, *able, capable*
Folge (f.), *sequence, consequence*
folgendermaßen, *as follows*
fördern, *further, advance, promote*
Fortschritt (m.), *advance, improvement*
frühzeitig, *early*
Für und Wider (n.), *for and against, the pros and cons*
Fürsorge (f.), *care, welfare*

Gebiet (n.), *area*
Gebrauch (m.), *use*
Gedankengang (m.), *train of thought*
geeignet, *suited, suitable*
Gegend (f.), *region*
Gegenteil (n.), *opposite*
gegenüberstellen, *contrast*
geistig, *mental(ly)*
geistig beieinander (coll.), *mentally sane*
gelangen, *reach, achieve*
Gemeinschaft (f.), *community*
gerecht (werden), *just, (do justice)*
gering, *little, small*
Gesamtwohl (n.), *general welfare*
geschichtlich, *historical(ly)*
Gesellschaft (f.), *society*
gesellschaftlich, *social*
Gespräch (n.), *discussion, talk*
Gewalt (f.), *violence, power, force*
Gewicht (n.), *weight*
gewinnen, *gain, win*
gleichgestellt, *equal (status)*
Gleichgewicht (n.), *equilibrium*
Gleichheit (f.), *equality*
gleichzeitig, *at the same time*
großenteils, *largely*
größtmöglich, *as large as possible*
Grund (m.), *reason, foundation*
gültig, *valid*

hauptsächlich, *principally, mainly*
Haushalt (m.), *household;* (Staats-) *budget*
Heim (n.), *home; nursing home*
heimisch, *homely; home- (production)*
heranziehen, *pull up; bring in*
hervorrufen, *cause, call forth*
hinausschieben, *delay, procrastinate*
hingegen, *on the contrary*
Hinsicht (f.), *regard, respect*
Höhepunkt (m.), *climax*
Hürde (f.), *hurdle*

innerhalb, *within*
inwiefern, *how far*

jahrelang, *for years*
Jahrgang (m.) (Menschen, Tiere) *age, year-group*; (Zeitschrift), *annual set*
Jahrhundertwende (f.), *turn of the century*

klären, *clarify*
Kleinkind (n.), *toddler*
körperlich, *physical(ly)*

längst, *long ago, long since*
Last (f.) *burden*
laut (+Gen.), *according to*
Lebensbereich (m.), *life-space*
Lebenshaltung (f.), *living standard*
lediglich, *solely, merely*
leiten, *lead, conduct*
Leistung (f.), *achievement*
Leistungszug (m.) (Schule), *set*
Lesestoff (m.), *reading matter*
(zugrunde) liegen, *be at the basis of*

Mangel (m.), *lack, want, deficiency*
Maßnahme (f.), *measure*
menschenfreundlich, *humanitarian*
menschlich, *human(ly)*
meßbar, *measurable*
mildern, *alleviate, soften, mitigate*
Minderheit (f.), *minority*
minderwertig, *inferior*
Minderwertigkeitsgefühl (n.), *inferiority complex*
Mischung (f.), *mixture*
Möglichkeit (f.), *possibility*

Muße (f.), *leisure*

Nachteil (m.) *disadvantage*
(dazu) neigen, *be inclined to*
notwendig, *necessary*
Notwendigkeit (f.) *necessity*
Notzustand (m.), *emergency situation*
Nutzen (m.), *use*
Nützlichkeit (f.), *usefulness*

obig, *above*
s. offenbaren, *open up, show o.s.*

Pensionierung (f.), *retirement*
praktisch, *practical(ly)*
profitieren, *profit*
prozentual, *percentage-wise*
Prüfung (f.), *examination*

Rahmen (m.) *frame (work)*
Rechnung tragen, *take account of*
s. rechtfertigen, *justify o.s.*
regelmäßig, *regular(ly)*
richten auf (+ acc.), *level, point, direct*
Richtung (f.), *direction*
rücken, *shift*
ruheständig, *retired, in retirement*
Ruhestand (m.), *retirement*
Ruhm(m.), *fame*
rüstig, *fit, well preserved (old people)*

(etwas) satt haben, *be fed up with something, have enough of*
schaffen, *create, work, make*
schalten und walten, *be busy; deal with*
schätzen, *estimate, esteem*
Schluß (m.), *closure, end*
Schülerschaft (f.), *body of pupils*
Schutz (m.), *protection*
schwerwiegend, *weighty, grave*
seelisch, *psychic(al), concerning the mind*
Selbständigkeit (f.), *independence*
sinnvoll, *sensible*
solange, *as long as*
somit, *consequently*
Spannung (f.), *tension*
Spätentwickler (m.), *late developer*
Standpunkt (m.), *point of view*

starr, *rigid, inflexible*
stempeln, *stamp; (colloquial) collect the dole*
Sterblichkeit (f.), *mortality*
Streit (m.), *quarrel*

Tätigkeit (f.), *activity, occupation*
tatkräftig, *active*
Tatsache (f.), *fact*
täuschen, *deceive*
teilweise, *partly*
Tortur (f.), *torture, hardship*
Treffpunkt (m.), *meeting point*
trennen, *separate*
Tüchtigkeit (f.), *efficiency*

überflüssig, *superfluous*
überfordern, *overtax, overcharge*
übersehbar, *possible to survey/overlook*
übertrieben, *exaggerated*
überwechseln, *change over*
überwinden, *overcome*
üblich, *usual*
Umgebung (f.), *surroundings*
umhin können, *be able to avoid*
Umlauf (m.), *circulation*
Umstellung (f.), *change, transposition*
umwerben, *court*
unangebracht, *unsuitable*
unbedeutend, *insignificant*
ungeachtet, *not esteemed; regardless*
unmittelbar, *immediate(ly)·*
unschätzbar, *invaluable*
Unstimmigkeit (f.), *discord*
Unternehmen (n.), *enterprise*
unternehmen, *take on*
Unterricht (m.), *tuition, instruction, teaching*
unterschätzen, *undervalue*
Unterschied (m.), *difference*
Unterstützung (f.), *support*
untersuchen, *investigate*
unterteilen, *divide*
unumgänglich, *unavoidable*
unvermeidlich, *inevitable*
unwichtig, *unimportant*
unzureichend, *insufficient*
Ursache (f.), *cause*

verändert, *changed, altered*
Veranstaltung (f.), *event, meeting*
verantwortlich, *responsible*
verbessern, *improve, correct*
verbinden, *join, unite; be obliged to*
vereinen, *unite, combine*
verfallen, *decay*
verfügbar, *available*
Verfügung (f.) (zur V. stehen), *availability (be available)*
Vergebung (f.), *forgiveness*
Vergleich (m.), *comparison*
Vergleichstellung (f.), *comparison*
Verhältnis (n.), *proportion, ratio, means*
verhältnismäßig, *proportional, comparative(ly)*
verhelfen zu, *help a person to*
verhindern, *prevent*
verkommen, *decay, go to ruin, go down in the world*
verknüpft, *connected, interwoven w.*
verlegen, *to shift, change; embarrassed*
verlockend, *enticing*
Verlust (m.), *loss*
vermitteln, *mediate, arrange*
vernachlässigen, *neglect*
Verschandelung (f.), *defacement*
verschieben, *postpone*
verschieden, *different*
s. verschlechtern, *worsen, aggravate*
Versorgung (f.), *provision*
s. selbst versorgen, *look after o.s.*
Verständigung (f.), *communication*
Verständnis (n.), *understanding, comprehension*
Versuch (m.), *trial, attempt*
verteilen, *distribute*
vertiefen (in), *deepen, (be absorbed in)*
Vertrauen (n.), *trust, confidence*
Vertrauenslehrer (m.), *trust-teacher* = *form-teacher*
s. vertraut machen mit, *make o.s. acquainted with*
Vertreter (m.), *representative*
verursachen, *cause*

verurteilen, *condemn*
verwirklichen, *realise*
verwunderlich, *remarkable*
verzweifeln, *despair*
vollbringen, *accomplish*
vollziehen, *carry out*
voraussehen, *anticipate*
Voraussetzung (f.), *assumption, (pre)supposition*
Vorbereitung (f.), *preparation*
Vorbild (n.), *example*
Vordergrund (m.), *foreground*
vorgehend, *foregoing, above*
vorhanden, *existing*
s. vorkommen, *feel o.s. to be*
vorrücken, *advance*
Vorteil (m.), *advantage*

Waage(f.), *scales*
wachsen, *grow*
Wahl (f.), *choice, election*
weiterhin, *furthermore, in future*
Wesen (n.), *being, essence*
wesentlich, *essential*
Wettbewerb (m.), *competition*
wirksam, *effective*
wirtschaftlich, *economic*
wohlbemittelt, *well-off*
Wohlwollen (n.), *goodwill*
wünschenswert, *desirable*

zahlenmäßig, *numerical(ly)*
Zeiterscheinung (f.), *sign of the times*
zerfallen, *decay, fall to pieces (into ruin)*
zumindest(ens), *at least*
zunehmen, *increase*
Zusammenfassung (f.), *resumé, summary*
zusammenfassen, *summarise*
zusammengehörig, *belonging together*
Zuschauer (m.), *spectator*
zusätzlich, *additional(ly)*
Zustand (m.), *state, condition*
zuteil werden, *fall to a p.'s share*
zutreffen, *be right/true*
zweischneidig, *double-edged*

Appendix B

ESSAY PHRASEOLOGY

A. Sentence leaders and link phrases

In der Tat. . .	*In fact. . .*
In Wahrheit.'. .'	*Truly/in fact. . .*
Vereinfacht gesprochen. . .	*Put simply. . .*
Vor allem. . .	*Above all. . .*
In mancher Beziehung. . . ⎫ In vielen Beziehungen. . . ⎬	*In many respects. . .*
In diesem Zusammenhang. . .	*In this context. . .*
Mit Bezug darauf/diesbezüglich. . .	*With regard to this. . .*
Infolge (+von or gen.). . .	*As a result of. . .*
Folglich/infolgedessen/weswegen. . .	*Consequently/on account of which. . .*
Was es betrifft (anbelangt). . .	*As far as this is concerned. . .*
Aus diesem Grund. . .	*For this reason. . .*
Historisch gesehen. . .	*Viewed historically. . .*
In sozialer Hinsicht. . .	*In a social context. . .*
Bei weiterer Überlegung. . .	*On further consideration. . .*
Wenn man alles in Betracht zieht. . .	*Everything considered . . .*
Wie eingangs erwähnt. . .	*As (was) mentioned at the beginning. . .*
Wie oben gesagt (erwähnt). . .	*As stated (mentioned) above. . .*
Wie der Name besagt. . .	*As the name implies. . .*
Bei dieser Gelegenheit. . .˙	*On this occasion. . .*
Wenn sich die Gelegenheit bietet. . .	*If the occasion arises . . .*
Auf Grund dieser Auslegung. . .	*Based on this interpretation. . .*
Der zweite Grund aus dem. . .	*The second reason for which. . .*
Handelt es sich hier um. . .	*Here, is it a question of. . .*
Die Aufgabe besteht darin, . . .	*The task is to . . .*
Damit berühren wir den Bereich des. . .	*This touches on. . .*
Bei der Verfolgung dieses Zieles. . .	*In pursuing this aim . . .*
Es liegt auf der Hand, daß. . . ⎫ Es springt ins Auge, daß . . . ⎬	*It is obvious that. . .*

So ist es dann kein Wunder, daß. . .	*It is therefore hardly surprising that. . .*
Es ist leicht zu ersehen, daß. . .	*It is easy to see that. . .*
Ist es also verwunderlich, daß . . .?	*Is it then any wonder that . . .?*
Dies will nicht heißen, daß. . .	*This does not mean that. . .*
Man muß zu der Überzeugung kommen, daß. . .	*One must come to the conclusion that. . .*
Man gewinnt häufig den Eindruck, daß. . .	*One frequently obtains the impression that. . .*
Der Unterschied besteht lediglich darin, daß. . .	*The difference lies solely in the fact that. . .*
Dieses Ereignis steht im Schatten des. . .	*This event is overshadowed by . . .*
Im Gegenteil,. . .	*On the contrary. . .*
Genau das Gegenteil, ist. . .	*Exactly the opposite is. . .*
In seiner Lage. . .	*In his place. . .*
Zu seinem Vorteil ist. . .	*To its advantage is. . .*
Dabei sehr im Nachteil steht. . .	*Greatly disadvantaged by this is. . .*
Ihm zum Nutzen ist. . .	*To his (its) advantage is. . .*
Um dieser Aufgabe gerecht zu werden. . .	*To do justice to my theme. . .*
Dies ist ein typisches Beispiel für. . .	*This is a typical example of. . .*
Um zu einer Antwort zu gelangen. . .	*To obtain an answer. . .*
Es dürfte nicht unangebracht sein. . .	*It might not be inappropriate. . .*
Inzwischen wäre es nicht unumgänglich. . .	*In the meantime it might not be absolutely necessary to. . .*
Hier entsteht die Frage ob. . .	*The question arises here as to whether. . .*
Ihm zugrunde liegt die Erkenntnis, daß. . .	*It has as its basis/arises out of the knowledge that. . .*
Von geringer Bedeutung scheint. . .	*Of little importance seems to be. . .*
Laut seinen Verteidigern steht fest, daß. . .	*According to its supporters there is no denying that. . .*
Zum Schluß/schließlich. . .	*Finally (in conclusion). . .*
Wie dem auch sei. . .	*However that may be. . .*
. . . spielt(k)eine große Rolle.	*. . . plays an (a not very) important part.*
Man könnte sagen/behaupten/meinen daß. . .	*One might say/assert/think that. . .*
Ich bin davon überzeugt, daß. . .	*I am convinced that. . .*
Ich möchte überhaupt betonen. . .	*I would generally like to stress. . .*
Ich beabsichtige (nicht),. . .	*I (do not) intend to. . .*
Sie sind Zeichen dafür, daß. . .	*They are a sign that. . .*
Niemand kann leugnen, daß. . .	*No one can deny that. . .*
Es ist ein wichtiges Faktum, daß. . .	*It is an important fact that. . .*
Wenig sinnvoll wäre es,. . .	*It would make little sense. . .*
Worauf es nun ankommt, ist. . .	*What is now needed is. . .*
Gerade diese Eigenschaften sind es, die. . .	*It is exactly these qualities that. . .*
Das gilt auch für. . .	*The same applies to. . .*
Es ist üblich geworden. . .	*It has become the custom. . .*

66

Der Eindruck verstärkt sich, daß...	*One has the increasing impression that...*
Nicht minder wichtig erscheint jedoch, daß...	*Of no less importance, however, is the fact that...*

Your own examples:

B. Time, length, duration

Alle vier Jahre	*Every four years*
Während der letzten Zeit	*In recent times*
Mehr als in früheren Zeiten	*More than in former times*
Im Laufe des Jahres (Jahrhunderts, der Zeit)	*In the course of the year (of the century, of time)*
Um die Jahrhundertwende	*Around the turn of the century*
Von der Steinzeit	*From the Stone Age*
Durchs Mittelalter	*Through the Middle Ages*
Bis zur Neuzeit	*Right up to modern times*
Bei Schulabgang	*On leaving school (i.e. school leaving age)*
Bei späterer Gelegenheit	*At a later opportunity*
Nach einem Leben im Großbetrieb	*After a life spent in a large factory*
Jahr für Jahr	*Year by year*
Es geht ins dritte Jahr, daß..	*It is two to three years since ...*
Übers Jahr	*A year hence*
Vor Jahr und Tag	*A long time ago (quite a year ago)*
Seit undenklichen Jahren, von jeher	*Time out of mind, from time immemorial*
Es ist an der Zeit	*The time (moment) has come*
Es ist früh an der Zeit	*It is too early*
Auf eine kurze Zeit	*For a short time*
Außer der Zeit	*Out of season*
In den Zeiten der griechischen Herrschaft	*When the Greeks held sway*
Es ist die höchste Zeit	*It is high time*
In jüngster (neuester) Zeit	*Quite recently*
Im gleichen Maße	*In the same measure*
In geringem Maße	*In small measure*
Mehr denn je	*More than ever*
Obendrein	*Over and above*

Your own examples:

C. Leaders into important and revealing statements

Was am meisten auffällt, ist, daß . . .	*What is most striking is that. . .*
Auf eine ähnliche Weise enthüllend ist. . .	*Similarly revealing is. . .*
Am auffallendsten ist zweifelsohne. . .	*Most striking is undoubtedly. . .*
Auffallend ist hier, daß. . .	*The striking thing here is that. . .*
Von allgemeiner Bedeutung sind. . .	*Of general importance are. . .*
läßt sich weltweit beobachten. . .	*can be seen worldwide. . .*
Der Unterschied zwischen. . .	*The distinction between. . .*
Sie legen großen Wert auf. . .	*They place great value on. . .*
. . . wird als wichtig angesehen	*. . . is seen as important*
Die Ursachen des . . . treten heute stärker in Erscheinung	*The causes of the . . . are more in evidence today*
In der schwierigen Lage, wo wir uns jetzt befinden. . .	*In the difficult position in which we now find ourselves. . .*
Gerade darum. . .	*For that very reason. . .*
. . . ist eine Begründung, die man berücksichtigen muß	*. . . is a reason (motive) one must take into account*
. . . ist eine Sache von äußerster Wichtigkeit ⎱ . . . ist eine Sache von höchstem Belang ⎰	*. . . is a matter of the utmost importance*
. . . handelt von weltumfassenden Problemen	*. . . deals with universal problems*

Your own examples:

D. Paragraph leaders

Um dem Titel gerecht zu werden. . .	*To do justice to the title. . .*
Dieser Aufsatz sollte versuchen, die Beziehungen zwischen . . . und . . . zu klären	*This essay should attempt to clarify the relationship between . . . and. . .*
Dieser Titel ist für mich nicht nur eine theoretische Angelegenheit	*For me this title is not just a theoretical question*
Ich will mich bemühen, kurz zu erklären, wie. . .	*I will attempt to explain briefly how. . .*
Wie könnte man die oben gestellte Frage beantworten?	*How might one answer the question posed above?*
Diese Frage ist heute ein oft erörtertes Thema	*Today this question is a frequent subject of debate*
Welche Vorteile gibt es für . . . ?	*What are the advantages of . . . ?*
Der Rahmen dieses Aufsatzes erlaubt nur eine kurze Zusammenfassung der Ursachen	*The scope of this essay will only allow a brief summary of the causes*

Ich möchte hier lieber meine wirkliche Meinung aufzeichnen	*I would prefer to record my own opinion here*
Ist die Olympiade ein Weg zur Völkerverständigung?	*Are the Olympics a way towards international understanding?*
Die Ursachen könnte man am besten in zwei Arten unterteilen	*The reasons might be best divided into two kinds*
Welche Maßnahmen wären zu unternehmen, um dieses Ziel zu erlangen?	*What measures should one adopt to achieve this aim?*
Nicht zu vergessen ist allerdings das Faktum, daß. . .	*Not to be forgotten, however, is the fact that. . .*
Eine andere Maßnahme, die als Hilfsmittel wirken könnte, wäre. . .	*Another measure which might serve to help would be. . .*
Zusätzlich müßte man sich aber auch fragen. . .	*Additionally one would also have to ask oneself. . .*
Zu dem oben erläuterten Dilemma kommt hinzu, daß. . .	*To the problem set out above should be added that. . .*
Wenn diese beiden Voraussetzungen nicht gegeben sind. . .	*If both these conditions are not met. . .*
Aus der obigen Vergleichstellung ist zu ersehen. . .	*From the above comparison it may be seen. . .*
Diesbezüglich verbleibt nur die Lösung. . .	*In relation to this there only remains as a solution. . .*
Es ist schwierig Gründe anzuführen, die die Aussage des Titels unterstützen	*It is difficult to find arguments that will support the theme of the title*
Wir könnten das Problem aber auch in ein anderes Licht setzen	*We could however look at the problem in a different light*
Wie aus der Behandlung der einzelnen Punkte zu ersehen ist. . .	*As may be seen from the way in which the individual points are treated. . .*
Jedem der angeführten Vergleiche liegen . . . zugrunde	*. . . are the basis of each of the comparisons quoted*
Die oben angeführten Punkte zusammenfassend,. . .	*To summarise the above points . . .*

Your own examples:

E. Points of comparison and balancing statements

Da ist auf der einen Seite . . .	*There is on the one hand . . .*
Als Vergleich dazu sei erwähnt, daß . . .	*As a point of comparison one might mention that . . .*
Es ist ein Balanceakt zwischen Ideal und Wirklichkeit	*It is a balancing act between ideal and reality*

Die Schweizer sind da ganz anderer Ansicht

On this the Swiss are of an entirely different opinion

Das trifft mehr auf Männer als auf Frauen zu

That is more the case with men than with women

Andere hingegen . . .

Others, however, . . .

Mir wird eine andere Seite gezeigt

Another side is revealed to me

Die Argumente beider Seiten tragen ähnlich viel Gewicht

The arguments of both sides carry similar weight

Dies ist oft ein zweischneidiges Schwert

This is often a double-edged sword

Es bietet keine wesentlichen Vorteile dem anderen System gegenüber

It offers no significant advantages over the other system

Ähnlich wie in dem alten System . . .

Similarly to in the old system . . .

Ich glaube, es ist nicht alles schlecht an diesem . . .

I believe not everything about this . . . is bad

. . . haben ihre guten Seiten

. . . have their good points (sides)

Es war die Regel eher als die Ausnahme

It was the rule rather than the exception

Die Gründe dafür sind auf einem anderen Gebiet zu suchen

The reasons for this should be sought elsewhere

Anhänger und Kritiker führen viele Gründe zur Unterstützung ihrer Argumente an

Supporters and critics produce many arguments in support of their thesis

Es macht sich aber bemerkbar, daß . . .

It becomes noticeable, however, that . . .

Ich werde die Umstände gegeneinander abwägen

I will weigh up the circumstances one against the other

Das ist heute seltener der Fall

That is less often the case today

Es zieht unsere Glaubwürdigkeit in Zweifel

It casts doubts on our credibility

Es bringe unabsehbares Elend

It may bring incalculable misery

Beträchtliche Schwierigkeiten bleiben noch zu klären

There are considerable difficulties still to be resolved

Bis heute hat sich wenig geändert

Little has changed to the present day

Jeder, der Untersylvanien kennt, weiß wovon sie reden

Anyone who knows Untersylvania knows what they are talking about

Your own examples:

F. General approval and positive comment

Es leistet erhebliche Beiträge zu . . .

It is making an important contribution to (wards) . . .

Diese Bemühungen haben zu ersten Erfolgen geführt

These efforts have led to initial successes

Sie haben erste Schritte auf diesem Wege unternommen

They have taken the first steps in this direction

Man ist auf dem Wege es zu überwinden	*It is on the way to being overcome*
Fortschritte in der Medizin ermöglichen es heute . . .	*Progress in medicine allows us today . . .*
Wir haben es besser heute als früher	*We have it better today than in the past*
Der Begriff ist äußerst wünschenswert	*The concept is an extremely desirable one*
Dieses Bestreben ist zur Wirklichkeit geworden	*These efforts have become reality*
Die Nachteile können allerdings gemildert werden	*The disadvantages can however be tempered*
Dank verbesserter Hygiene	*Thanks to improved hygiene*
Der Friede in der Familie ist uns so viel wert	*Family harmony is so important to us*
Wir müssen den größtmöglichen Nutzen daraus ziehen	*We must use it to the best possible advantage*
Ich erhoffe mir Freiheit von dem Rad	*I expect the bike to give me freedom*
Es befriedigt meine Bastellust	*It satisifes my do-it-yourself mania/mania for tinkering*
Manche Schwierigkeit wird im Gespräch beseitigt	*Many a difficulty is eased by talking about it (approx = 'A trouble shared is a trouble halved')*
Es fehlt uns nicht an Bürgersinn, Gemeinschaft und Nähe zum Nächsten	*We do not lack public spiritedness, neighbourliness and a sense of community (cf. German order)*
Eine Art Selbst- und Gegenseitigkeitshilfe ist auch geplant	*A form of mutual and self-help is also planned*
Es gibt etwas für jeden Geschmack	*There is something for every taste*

Your own examples:

G. General disapproval and negative comment

Die Nachteile verschlechtern die Lage	*The disadvantages (drawbacks) make the situation worse.*
Es kann leicht dazu kommen	*It can easily come to that*
Dies führt zu Krisen	*This leads to crises*
Zu unserem Schaden . . .	*To our detriment (misfortune) . . .*
Doch gibt es auch kritische Stimmen	*However, there are also critical voices*
Man sollte der Versuchung widerstehen	*One should resist the temptation*
Viele Erwartungen gehen nicht in Erfüllung	*Many expectations are not met*
Ein Ende ist nicht abzusehen	*There is no end in sight*
Es erwies sich als falsch	*It proved to be wrong*

Man sollte . . . mit einem gewissen Argwohn betrachten	One should regard . . . with a certain suspicion
Es gibt keinen Anlaß zu einem großen Optimismus	There are no grounds for any great optimism
Wenn man alle nachteiligen Argumente berücksichtigt	If all the unfavourable arguments are taken into consideration
Hauptverantwortung für diese Lage liegt bei . . .	The major responsibility for this situation rests with . . .
Erwartungen können nicht erfüllt werden	Expectations cannot be fulfilled
Auf Grund der letzten tragischen Erfahrungen	As a result of recent tragic experience
Mit Gutmutigkeit allein kann man Krisen nicht meistern	Crises are not to be overcome by good nature alone
Das Fernsehen—Geißel des Jahrhunderts?	Television—scourge of the century?
Es beschneidet die Freiheit des Einzelnen	It infringes upon the freedom of the individual
Ist diese Methode ein Eingriff in die Persönlichkeit?	Is this method an infringement upon the individual personality?
Öffnet diese neue Methode nicht dem . . . Tür und Tor?	Does not this new method open the floodgates to . . .?
Diese Meinung ist oft negativ bewertet	This opinion is often a negative one
Der Durchschnittsbürger ist bis zum Halskragen überlastet	The average citizen is taxed to his ears (überlastet lit = overburdened)
Es ist eine Technik, die einer Diktatur würdig ist	It is a technique worthy of a dictatorship

Your own examples:

H. Problems—Local, National and International

Leben wir über unsere Verhältnisse?	Are we living beyond our means?
Es muß wohl als eine Zeiterscheinung betrachtet werden	It ought to be seen as a contemporary phenomenon
Dieses Problem rückt immer mehr in den eigentlichen Lebensbereich	This problem impinges more and more upon life itself
Die am stärksten Betroffenen sind diejenigen, die . . .	Those most hit are those who . . .
In Krisenzeiten trinken wir gelassen unseren Tee	In times of crisis we sit calmly drinking our tea
Diese Frage ist heute so in den Vordergrund gerückt	Today this question has come very much to the forefront
Diese ideale Situation tritt leider oft nicht ein	Unfortunately this ideal situation does not often occur

Wie kann eine Verbesserung verwirklicht werden?	*How can an improvement be brought about?*
Wir sollten den unterentwickelten Ländern unter die Arme greifen	*We should lend a helping hand to the underdeveloped countries*
Die Furcht vor der Bombe hat die EWG-Länder in die Verantwortung gezwungen	*Fear of the bomb has imposed a sense of responsibility on the EEC countries*
Das kommt in der Bereitschaft aller Länder eng zusammenzuarbeiten	*This can be seen from the readiness with which all nations are closely cooperating*
Eine so offene Gesellschaft wie die der Bundesrepublik muß sich harter Kritik stellen	*A society as open as that of the Federal German Republic must be ready to face harsh criticism*

Your own examples:

J. General expression for economic and sociological topics

Der Anlaß ist soziologischer Art	*The cause is of a sociological nature*
Die erste Hürde ist finanzieller Art	*The first hurdle is of a financial nature*
Auf Grund der sozialen Umstellung	*As a result of the social revolution*
Rechtfertigen die Ergebnisse diesen Riesenaufwand?	*Do the results justify this gigantic expenditure?*
Kosteneffektiv ist diese Maßnahme sicher nicht	*This measure is certainly not cost-effective*
Es ist zu einem Symbol der Strukturkrise unserer Wirtschaft geworden	*It has become a symbol of the structural crisis in our economy*
Auf dem Höhepunkt der Wirtschaftskrise	*At the climax of the economic crisis*
Ein ausgesprochener Wachstumspessimismus herrscht	*A decided pessimism over growth prevails*
Hier scheint sich eine alte ökonomische Lebensregel zu bewähren	*Here an ancient rule of economic life seems to pertain*
Eine große Nachfrage kurbelt die Wirtschaft an	*Large-scale demand stimulates the economy*
Der Marktmechanismus bietet keinen Ausweg	*The market mechanism offers no way out*
Dieser Zustand wird oft durch . . . erschwert	*This condition is often made worse by . . .*
Immer wieder treten Finanz und Ideale einander gegenüber	*Time and again finance and ideals clash*
Inwiefern profitiert die Wirtschaft?	*How far does the economy profit?*
Etliche Länder versuchen wirtschaftlichen Nutzen daraus zu schlagen	*Some countries try to obtain economic advantage from it*

Zusätzlich zu ökonomischen Maßnahmen wie Steuererleichterungen	*In addition to economic measures like tax-relief*
Es trägt Unsicherheit in die Wirtschaft hinein	*It brings uncertainty into the economy*
Sie reagieren empfindlicher auf politische Entwicklungen	*They react more sensitively to political developments*

Your own examples:

Die Gesellschaft an sich hat sich gewandelt	*Society in itself has changed*
Die Gesellschaft erkennt diesen Notzustand	*Society recognises this plight*
Vom sozialen Standpunkt aus gesehen	*Seen from the social standpoint*
Auf soziologischer Ebene	*On a sociological level*
Es ist eine verhältnismäßig neue Erscheinung in der Erziehungsgeschichte	*It is a relatively new phenomenon in the history of education*
Ungeachtet seiner häuslichen Verhältnisse	*Regardless of his home circumstances*
Er kommt mit einer Benachteiligung zur Schule	*He comes to school under a disadvantage*
Es strebt eine Chancengleichheit an	*It strives to achieve equality of opportunity*
Der Punkt ist teilweise gesellschaftlich bedingt	*The point (under discussion) is partly conditioned by society*
Humanitäre Betrachtungen müssen sich mit dem Schutz der Gesellschaft befassen	*Humanitarian considerations must take into account the need to protect society*
Als Schutzmaßnahme ist es nicht zu unterschätzen	*As a protective measure it is not to be underestimated*
Diese Freiheit wirkt sich nachteilig für die Männer aus	*This freedom works to men's disadvantage*
Das Zusammenleben in einer Gemeinschaft ermöglicht Fortschritte	*Living together in a community brings progress*

Your own examples

74

K. Reports, studies, polls, statistics

Die Studie erweist eindeutig . . .	*The study shows clearly . . .*
Es ergab sich auf Grund dieser Untersuchungen, daß . . .	*On the strength of these investigations, it happened that . . .*
Dicht dahinter folgte . . .	*Close behind followed . . .*
Diese Zahlen machen deutlich wie . . .	*These figures show clearly how . . .*
Gefragt wurden die neun Nationen Europas	*The nine countries of Europe (= E.E.C.) were asked*
Über die Hälfte der Befragten . . .	*Over half those asked . . .*
Rund ein Drittel der Befragten . . .	*Around a third of those asked . . .*
Nach Testergebnissen . . .	*According to the results of the investigation . . .*
Prozentual auf die Bevölkerung verteilt . . .	*Expressed as a percentage of the population . . .*
Diese Zahlen dienen uns als Basis . . .	*These figures serve us as a basis . . .*
Neun von zehn stammen aus . . .	*Nine out of ten stem from . . .*
Die Schätzungen schwanken zwischen einem und zwanzig Prozent	*Estimates range between one and twenty percent*
Noch folgenschwerer ist es, daß . . .	*Of even more significance in its consequences is the fact that . . .*
Mit Blick auf die Ziffern, zweifeln wir, ob . . .	*Looking at the figures, we doubt whether . . .*
Nicht berücksichtigt ist bei dieser Rechnung freilich, daß . . .	*Of course, we have not taken into account in this calculation that . . .*
Je nach geographischem Standort . . .	*According to geographical location . . .*
Die Kontraste zwischen . . . sind am stärksten in . . .	*The contrasts between . . . are strongest in . . .*
Im Auftrag der Europäischen Kommission	*On behalf of the European Commission*
Welche Schlußfolgerungen lassen sich aus diesen Untersuchungen ziehen?	*What final conclusions are to be drawn from these investigations?*

Your own examples:

L. Concluding statements

So also setzt sich unser Deutschland- bild zusammen	*This, then, is how our picture of Germany is put together*
Einfache Rezepte gibt es nicht	*There are no easy recipes*
Wir sollen uns nicht in diese Falle locken lassen	*We should not allow ourselves to fall into this trap*
Die Größe der Gefahr ist nicht zu übersehen	*The magnitude of the danger is not to be underestimated (overlooked)*
Das letzte Wort soll . . . . nicht haben	*We shall not leave the last word to . . . .*

Kein sehr beglückendes Bild; aber wohl
ein recht treffendes
Nur auf der Grundlage gegenseitigen
Vertrauens sind die großen
Probleme der Zukunft gemeinsam zu
bewältigen
Demokratie, so sagte einmal ein
englischer Schriftsteller, sei wie ein
Floß in bewegter See. Es könne nicht
untergehen aber man habe ständig
nasse Füße
Man darf sich mit dem Erreichten nicht
zufrieden geben
Aber das war eine ganz andere Zeit!

Für . . . . kam jede Warnung zu spät.

Your own examples:

*Not a very cheerful picture, but a striking one,
indeed.*

*Only on the basis of mutual trust can the great
problems of the future be jointly overcome*

*An English writer once said that democracy is
like a raft in a rough sea—it cannot sink,
but one always has wet feet.*

*One must not be content with what has so far
been achieved*
*But those were quite different times!/that was
another age!*

For . . . any warning came too late.

Appendix C

ESSAY TOPIC AREAS

The essay papers in this Appendix provide a reasonably representative sample of the type of topics set for advanced examinations.

Read through one essay paper, chose a single title from it and begin by merely writing an introductory and concluding paragraph. Then move to another paper, select a title and write three paragraphs of 8–12 lines from what would have been the main body of a full essay. Work in this manner, producing partial essays until you are confident of increasing fluency in your writing and can start producing complete compositions.

In the early stages work with a German-English dictionary and a *Stilwörterbuch*, if available, together with Appendices A and B. After a few weeks of working with this method, try to make yourself remember the phraseology you have culled from previous work and adapt it to your current topic. When you have applied yourself thus for several months, begin to think of writing an essay with no help except from the *Stilwörterbuch*. Finally, isolate yourself with no books for 1½ hours and see what you can produce.

Essay Coding

The essay titles in this Appendix are coded according to the classifications discussed on page 18 of Chapter 3. The classifications are repeated below for ease of reference:

A   A contemporary problem or scene.
B   A moral issue.
C   Visits to and interest in a German-speaking country.
D   The cultural or social background of a German-speaking country.
E   A socio-political question.
F   A socio-economic question.
G   A philosophical question.
H   Literature and the Arts
I   Hobbies and Pastimes.
J   Sport.

Paper 1 Category

a. Das Schulleben in England ist ein schönes Leben. A
b. Schildern Sie Ihren idealen Beruf. G
c. Warum ausgehen?—Ich lese lieber! I
d. Wie trägt der Sport zur Entfaltung der Persönlichkeit bei? J
e. Halten Sie es für verantwortlich, viel Geld verdienen zu wollen? B
f. Die DDR. D

Paper 2

a. Weshalb gehen wir noch ins Theater? H/I
b. ‚Der Sport, ernst betrieben, hat nichts zu tun mit Fairplay"
   (George Orwell) J
c. Die Energiekrise. A
d. Wie bereitet die Schule auf das Leben vor? A
e. „Durch einen Streik Menschenleben zu gefährden, ist ein
   gemeines Verbrechen." Nehmen Sie Stellung zu dieser
   Aussage. B
f. Deutschland und die Deutschen. D

Paper 3

a. Nehmen wir den Sport zu ernst? J
b. Wie erklären Sie sich die Spannung zwischen den Generationen? A/G
c. Eine deutsche Stadt. D
d. Der Umweltschutz. A
e. Die Religion hat keine große Bedeutung mehr im deutschen
   Volksleben. D
f. Ist das Auto als Verkehrsmittel überholt? A

Paper 4

a. Soziale Probleme im heutigen Deutschland. D
b. Bedrohen die Großstädte Geist und Gesundheit ihrer Bürger? A
c. Die besten Dinge im Leben sind frei. G
d. Inwiefern bereitet die Schule die Jugend auf das Leben vor? A
e. Das Jahr 1984 ist uns näher als das Jahr 1945. E
f. Was halten Sie von der Verfilmung bzw. Fernsehübertragung
   berühmter Literaturwerke? H

Paper 5

a. Ist der Lärm ein notwendiges Übel der Zivilisation? A
b. ‚'Dumm sein und Arbeit haben: das ist das Glück.‚' Was meinen
   Sie dazu? G
c. Was erwarten Sie von einem vereinten Europa? E
d. Kann man es erreichen, daß alle Kinder die gleichen
   Ausbildungschancen haben? G
e. Streß in den deutschen Schulen. D
f. Eine deutsche Persönlichkeit, die mich interessiert. D·

Paper 6

a. Größer heißt nicht besser, und bestimmt nicht was die Schulen
   betrifft. A

b. Das Fernsehen hat sich für die Alten als keine wahre Gottesgabe erwiesen. Diese Alten brauchen jetzt andere Gaben.   A

c. Gleichberechtigung für Frauen.   A

d. Trinken macht Spaß!   I

e. Die deutsche und die englische Jugend—ein Vergleich.   D

f. Inwiefern können Sie aus eigener Erfahrung bestätigen, daß die Deutschen ein freundliches Volk sind?   D

Paper 7

a. Der Bundesbürger und sein Staat.   D

b. Kann der materielle Fortschritt die Religion ersetzen?   G

c. Vergleichen Sie die Nachkriegsdeutschen und die moderne Generation.   D

d. „Wer seine Heimat nicht kennt, hat keinen Maßstab für fremde Länder." (Goethe)   G

e. Versuchen Sie zu begründen, warum Sport und Alpinismus von England ausgehen!   J

f. Was für eine Welt wäre diese ohne Musik!   H

Paper 8

a. Probleme des Streikrechts in der modernen Industriegesellschaft.   A/B

b. Dokumentarfilme als eines der wertvollsten Elemente in Fernsehprogrammen.   G/H

c. Kunst und Literatur in Deutschland.   D

d. Die Jugend und die Politik.   E

e. „Der Himmel bewahre uns vor großen Männern!"   G

Paper 9

a. Die Schule bildet Menschen die ungebildet sind.   A

b. Können Film, Funk und Fernsehen das Buch ersetzen?   H

c. „Längeres Leben bedeutet längeres Leiden." Ihre Stellungnahme?   B

d. Alle Kunst will dem Menschen etwas vermitteln und fordert ihn zu geistiger Bewältigung auf.   H

e. Die Integrationsprobleme der Ausländer.   E

f. Das Theater oder das Kino in Deutschland.   D

Paper 10

a. Blicken Sie mal in die Zukunft. Wie stellen Sie sich Ihre Lebensart im Jahre 2000 vor?   B/E/F/G

b. Gastarbeiter in Deutschland.   D

c. Spielt die Schule die wichtigste Rolle bei der geistigen Entwicklung eines Menschen?   E/G

d. Amerikanische Einflüsse auf unser Leben – Erfreuliches und Unerfreuliches.   A

e. „Humor ist auch eine Kunst". Nehmen sie Stellung zu dieser Aussage.   H

f. Die gesellschaftlichen Konflikte unserer Zeit.   A

Appendix D

KEY TO THE EXERCISES

Paragraph Commentaries, Pages 5–7.
The paragraphs below are meant as guide-lines only and are not intended to be complete.
A(1) and A(2)
Note how much clearer and specific A(2) is. This is a general rule for all the examples in this section. Although each pair of paragraphs treats the same theme, ii is always a little fuller and fills out information which is left woolly in 1, e.g.:

etwas Neues—eine neue Erscheinung.
The second expression tells you just that much more. It has to be *etwas Neues*, itself, but more than 'something new', it is a new phenomenon.

Veränderungen für—Veränderungen in der Stellung der Frau
Again, the latter statement is that much more positive. *Veränderungen für* could easily relate to changes happening almost regardless of what woman, herself, is doing. *Stellung* implies firmness and the very considerable struggles and achievements of suffragettes and later feminists.

Seit der Jahrhundertwende—seit Auftreten usw.
The latter gives far more information. A vague statement about the beginning or turn of the century might be completely lost on many readers with no knowledge of woman's fight for suffrage.

B(1) and B(2)
Jetzt—Aus der obigen Vergleichstellung
Jetzt could be purely temporal, i.e. 'now', at this point in time, whereas *Aus der obigen Vergleichstellung* makes it clear that our insight has been obtained from the material contained in the preceding paragraph(s).

B(1): This first sentence is so woolly that it is difficult to see what is being said. B(2), by separating a consideration of the causes of fear from the first sentence, gives the reader a little more time to situate himself, before being presented with a fairly complex analysis of emotion and motivation.

C(1) and C(2)

The use of the *Vorbereitungen* idea in C(2) does far more than *näherkommen* to help ask the question whether the Olympic Games are worth all the effort put into them. Similarly, *erhebt sich* rather than *hören wir* conveys some impression of the importance of the question being asked.

In C(1) you could be forgiven for asking yourself what exactly *sportlich* means, as, in one sense, the Games are clearly 'sporting'. *Ein sportlicher Wettbewerb* gets much nearer to the underlying questioning of the commercial and nationalistic redefinition of 'Sport'.

D(1) and D(2)

Bedeutend is now so clichéd in this context as to be almost meaningless. The emphasis on *Vordergrund* implies far more that the problem has long been there, but is now particularly significant.

Der Mensch als Mensch is on a par with the English 'as such' and conveys relatively no information. *Als denkendes Wesen* tells us much more about 'man, the thinker' and prepares us for the central point of the essay.

Auseinandersetzen and *übergreifen* convey much more of a sense of urgency and the depth of the problem than do their counterparts in D(1), *denken* and *scheinen näher*.

E(1) and E(2)

In E(2) the use of *geben* and *Unabhängigkeit* focuses attention far more on the concept of (enthusiastic) freedom, than do the thin *haben* and *unnötig*. Similarly *abgelegene Orte* and *leicht erreichen* convey much more of the idea of the motor-bike rider as his own master, free to discover hitherto inaccessible places, than do *weit* and *fahren*. Again, the simple expansion of *meinen Führerschein habe* into *meinen Führerschein gemacht habe*, underlines the worthwhile effort. Something will have been achieved and not just come about.

F(1) and F(2)

Eindrücken does far more than *als ich . . . schrieb* to convey the impression of accruing personal experience. Likewise, *wohlhabend* gives the reader far more positive information than the almost meaningless *gut*. Similarly, *beeindruckt* gives an altogether greater impression of the force of the revelations than does *Meinung*.

The poor paragraph in each pair has been deliberately included in the book, because such material is typical of much work produced by both Advanced Level and Degree students, when it is felt to be too much effort to use a dictionary or better a *Stilwörterbuch* to convey the exact meaning of what one is thinking. The thought that something is not more than vaguely what one means but that it will do leads inevitably to a groping, blurred type of German that one colleague has christened *Noddydeutsch*. If you, yourself, are still guilty of this tendency, it is encouraging to note that you can rescue yourself with a little thought.

Assignments A-I, pages 13–17.
A.
1. erwähnen, die Ursache, teilweise.
2. ergab sich, häufig, erhebliche, vollbrachten.

3. beträchtlichen, entstanden, verschlechterten.
4. allerdings, gemildert.
5. hinzufügen, äußerst wünschenswert.
6. Debatten, ebenfalls, Punkte Gegenargumente anzuführen.
7. besonders bestrebt, fördern (n.b. Kinder).
8. Das Faktum, bemerkenswert, eine Zeiterscheinung, betrachtet.
9. Dieser Unterschied läßt sich weltweit beobachten.
10. Dieser Zustand, erschwert.

B.
1. lösen.
2. beantworten.
3. Stellung, obigen.
4. Inwiefern.
5. verwunderlich, bestehen.
6. Gebiet.
7. erwähnt, erhebliche.
8. Fall, Verhältnis, günstig.
9. Hinsicht, Lage.
10. Begriffe, verknüpft.

C.
1. Historisch, Erscheinung.
2. Ebene, anzuführen.
3. Standpunkt, zusammenfassen.
4. Ursachen, unterteilen.
5. Kontakt, überbrücken.
6. mich anstrengen, erörtern.
7. Mittel, besitzt, entledigen.
8. ersehen, entgehen.
9. Beziehung, klären.
10. Argumente, Gewicht.

D.
1. Anhänger, Unterstützung.
2. ersehen, hervorruft.
3. Persönlickeit, bevorzugt.
4. nachteilig.
5. hochtrabende.
6. unterstützen, die Aussage.
7. Vorteil, verhelfen.
8. eintönig, entfliehe, Phantasiewelt.
9. Zusammenhang, erwähnen, beherbergt.
10. ermöglicht, beseitigen.

E.
1. berücksichtigt, beiträgt.
2. Eindrücken, erwähnt, wirkt.
3. etliche, akademischer.

4. Betrachtungen, befassen.
5. Erwägungen, getroffen.
6. bezogenen, Waage.
7. vorhanden, beseitigt, annimmt.
8. Umstände, grundverschiedenen.
9. Fundamente, Einstellung.
10. bemerkenswert, entwicklungsfähig

Assignments 1-24, pages 55-58

1. Deutschland ist ein schönes Land und es macht mir immer Freude wieder dorthin zu fahren. Wenn ich auch an dieses Land denke, fällt es mir ein, wié ähnlich wir Engländer und Deutsche sind. Freude and Frieden habe ich in Deutschland gefunden.

2. Lesen heißt Lernen und für mich muß das immer günstig sein. Es hat mir die Gelegenheit geboten, in andere Ländern zu fahren und die Leute kennenzulernen ohne mein Zimmer zu verlassen. Jetzt sehe ich die Welt ganz anders als früher an.

3. Der heutige Mensch ist der Ansicht, daß er zwar gelernt hat, die Natur zu beherrschen, aber meiner Meinung nach ist dies nicht die Wirklichkeit, weil die Menschheit nur eine kleine Rolle auf dieser Erde spielt und lernen muß, sich selbst zu beherrschen. Der Mensch ist nur ein winziger Teil eines größeren Planes.

4. Andere aber wohnen in sehr unpersönlichen Betonstockwerken, die keine Gärten, nur einen Balkon haben. Ich bin der Ansicht, daß dies gefährlich ist, besonders wenn es Kinder in der Familie gibt, weil sie Raum zum Spielen und zum Lernen brauchen.

5. Ich gehe gern ins Kino, weil es sehr unterhaltend ist. Das Alltagsleben ist so langweilig, daß es mir sehr bedeutend scheint, Filme zu sehen. Fernsehen ist auch unterhaltend, aber es gibt keine Atmosphäre zu Hause und viel Streit zwischen den Leuten, die fernsehen.

6. Als ich zum ersten Mal nach Deutschland fuhr, fand ich alles so anders. Das Wetter war viel wärmer, die Deutschen waren so freundlich und das Essen schmeckte mir so gut. Und der Wein! Zuerst hatte ich ihn nicht so gern, aber endlich trank ich lieber Wein als Kaffee!

7. Warum lernen wir fremde Sprachen? Wir dürfen nicht vergessen, daß wir nicht nur eine Insel sind, sondern auch ein Teil Europas. Wir lernen Deutsch, um unsere Nachbarn kennenzulernen und weil wir dieses Land besuchen wollen. Jedesmal, wenn ich eine Reise ins Ausland mache, verstehe ich unsere Partner in der EWG besser.

8. In Rußland schickt der Staat die guten Sportler in besondere Trainingslager,

wo das Training von dem Staat bezahlt wird. Dafür siegen die Sportler für die Ehre des Kommunismusses und zweifellos gewinnen die Athleten internationale Preise.

9. Der Begriff von "Fairplay" muß jetzt erklärt werden. Es ist ein Wort, das sicherlich in England seinen Ursprung hat-sinnverwandt mit solchen Spielen wie Fußball, Tennis, Cricket unter anderen. Das heißt, daß man ein Spiel ehrlich spielt und daß man verliert, wenn es nötig ist und bei guter Laune bleibt.

10. Es hängt daher von dem Temperament ab, ob eine Person viel Fairplay besitzt oder nicht. Die Untersylvaner zum Beispiel, ob sie Fußball, ihren Lieblingssport, ernstlich oder dilettantisch betreiben, spielen oftmals sehr böse und aggressiv. In diesem Fall kann man kaum von Fairplay sprechen.

11. Die Schule bereitet die Kinder auf das Leben mit anderen Leuten vor und bietet Gelegenheiten für Sozialentwicklung. Die Kinder spielen und arbeiten zusammen und mit etwa dreißig Kindern in der Klasse müssen sie Geduld haben. Auch müssen sie lernen, zusammen zu arbeiten, während es zu Hause nur die Familie gibt, die die Kinder treffen.

12. Am Anfang dieses Jahrhunderts sind die Frauen unruhig über ihre Stellung in der Gesellschaft geworden. Eine Sache von äußerster Wichtigkeit für diese Frauen war das Wahlrecht. Sie forderten Gleichberechtigung mit den Männern, wenn eine Regierung gewählt werden sollte. Die Frauen mußten sich dieses Wahlrecht erkämpfen. Sie brachten ein bestimmtes schwerwiegendes Argument vor, nämlich daß sie ihren Wert im Krieg gezeigt hatten.

13. Musik ist für mich ein Heil. Nach zehn Stunden Arbeit hilft sie mir, mich zu entspannen. Ich spiele Klavier und ohne mein Klavier wäre ich verrückt geworden. Spaß beiseite, Sie sollten mir glauben, wenn ich das sage. Meine Musik ist mein Sicherheitsventil.

14. Die Struktur der Familie hat sich in den letzten siebzig Jahren drastisch von der der traditionellen Großfamilie auf die der "Kernfamilie" geändert. Bis zur Jahrhundertwende war es wohl die Regel eher als die Ausnahme, daß mehrere Generationen in einem Haushalt vereint waren. Besonders in Städten ist das heute wesentlich seltener der Fall.

15. Man findet in Deutschland drei Schularten: die allgemeinbildenden Schulen, die Fachschulen und die Universitäten. Unter den allgemeinbildenden Schulen befinden sich die Volksschule, die Mittelschule und die Oberschule. Im Gebiet der Fachschulen haben wir Fachschulen für Ingenieurausbildung, Architektenausbildung und ähnliches.

16. Es war meine Pflicht ein Gebiet Deutschlands auszusuchen und zu erklären, aus welchen Gründen ich einen Aufenthalt in dieser Gegend nehmen möchte. Wenn ich aber keineswegs eingeschränkt gewesen wäre, hätte ich als ersten Besuch eher eine Rundreise ausgewählt und am liebsten eine Rundreise per Fahrrad.

17. Dieser Aufsatz sollte versuchen, die Beziehung zwischen dem Individuum und der Gesellschaft zu erklären. Um einen Beginn zu machen, müßte die Frage gestellt werden: inwiefern entstehen Kooperation und Zusammenarbeit durch Eigennutz und sein Gegenteil den Altruismus?

18. Die oben angeführten Punkte zusammenfassend, würde ich sagen, daß die auf die Wirtschaft bezogenen positiven und negativen Argumente sich die Waage halten, wenn nicht besondere nationale Verhältnisse das Gleichgewicht in die eine oder andere Richtung verschieben. In sozialer Hinsicht ist die Lage etwas anders.

19. Man darf andererseits nicht vergessen, daß unsere Begriffe von Gut und Böse, Strafe und Vergebung mit der christlichen Lehre verknüpft werden. Solange diese uns als Basis dient, sollten wir uns an die Lehre der Vergebung halten und nicht auf das Alte Testament—Auge um Auge, Zahn um Zahn— zurückgehen.

20. Wie kann man diese Stellung nun zusammenfassend bejahen? Wie aus der Behandlung der einzelnen Punkte zu ersehen ist, gibt es auch Kranke, die ein schönes und zufriedenes Leben geniessen können. Auf Grund der sozialen Umstellung aber wäre es besser anzunehmen, daß diese Gruppe allmählich kleiner wird.

21. Auf die Frage auf welchem Gebiet eine Besserung als besonders vordringlich angesehen wird, nannten 1975 und 1977 jeweils knapp zwei Drittel der befragten Führungskräfte die wirtschaftlichen Verhältnisse in der Bundesrepublik.

22. Diejenigen Berufe, die die Deutschen am meisten schätzen, sind nicht ihre Traumberufe. Das hat das Meinungsforschungsinstitut Allensbach bei einer Umfrage festgestellt. Bei der Frage nach den am meisten geschätzten, am höchsten geachteten Berufen antworteten 84 Prozent der befragten Deutschen: „Arzt". Danach folgten der Pfarrer und der Professor.

23. Der europäische Statistiker, der die Zahlen mit eigenen Erfahrungen verglich, fand sich geneigt, ihnen weitgehend zu glauben, aber natürlich waren diese Ergebnisse anfechtbar. Eine Differenz von 1 bis 5 Punkten mußte als möglicherweise irrelevant gelten, auf Zufälligkeiten beruhend oder auf Irrtümern.

24. Nicht ohne Grund ist die Tarifautonomie in der Bundesrepublik verfassungs- rechtlich garantiert. Das Recht der Arbeitnehmer und Arbeitgeber Vereinigungen zu bilden, um in eigener Verantwortung Löhne auszuhandeln, zählt nach übereinstimmender Auffassung zu den konstitutiven Elementen einer freiheitlichen Staats-, Wirtschafts- und Gesellschaftsordnung.